100 IDEAS

para líderes de universitarios

e625.com

100 IDEAS PARA LÍDERES DE UNIVERSITARIOS

e625 - 2017
Dallas, Texas

Todas las citas Bíblicas son de la Nueva Biblia Viva (NBV) a menos que se indique lo contrario.

Editado por: **Lucas Leys**
Diseño Interior: **JuanShimabukuroDesign**

ISBN: 978-1-946707-77-2

IMPRESO EN ESTADOS UNIDOS

100 IDEAS para LÍDERES de UNIVERSITARIOS

COLABORADORES

WILLY GÓMEZ.
GLORIA VÁZQUEZ.
RAFA ZELAYA.
LUCIA RAMÍREZ.
MARTIN GÓMEZ.
ROSAURA ANDRADES.
AMÉRICA HERMOSILLO.
CASSY VIVEROS.
VALERIA LEYS

Y MIEMBROS DEL EQUIPO DE RECURSOS DE E625.COM

PRESENTACIÓN IMPORTANTE

¿Quién no necesita ideas? Todos las necesitamos. Ideas frescas, excéntricas, inolvidables y osadas. Sobre todo, cuando el propósito es cautivar a un grupo selecto de personas con las verdades eternas de Dios.

La creatividad es un regalo del cielo y una gran noticia que tenemos para darte es que la creatividad de otros puede también ser tu creatividad. ¿Quién lo sabe todo por generación instantánea? Solo Dios. Los demás, aprendemos compartiendo ideas unos de otros y de eso se trata este libro y esta serie (Este libro es parte de otros materiales de este estilo).

La creatividad se aprende. Demanda trabajo y planificación. Requiere algo de desinhibición cognitiva, fe y amor. ¿Por qué amor? Porque si te desespera que tu publico aprenda, es porque les amas y cuando les amas, no tienes tantas trabas emocionales y excusas para no usar la creatividad y exponerte a hacer cosas diferentes.

El GRAN POR QUÉ

El punto de usar la creatividad en el ministerio no es ser creativos, sino eficaces y fieles y lograr lo que Dios puso en nuestras manos para lograr. Yo me resisto a esa idea anti bíblica de que si es espiritual es aburrido y si es aburrido es porque es espiritual. ¿Por qué espiritual no puede ser emocionante? Lo emocionante es divertido. Atrapa y seduce y para eso usamos la creatividad. Nuestras actividades deben dejar en claro que no hay nada más emocionante que estar en la voluntad del Dios que nos encogió para una vida abundante (Juan 10:10) que sea catalizadora de su gracia (Efesios 2:10).

De manera aislada, casi todas estas ideas te pueden hacer creer que tu tarea es hacer algo espectacular para que tu público crea que eres espectacular. Pero sería un despropósito que el punto sea ese. El objetivo de cada idea está anclado en la pedagogía. Usamos estas ideas para enseñar. No siempre y no todas para dar una clase bíblica, porque también es bíblico trabajar en las relaciones (Marcos 3:14) pero sí, por amor a la tarea que tenemos entre manos y a las personas a las cuales servimos.

DE LAS IDEAS A LA ACCIÓN

Quienes trabajamos en este libro no conocemos a tu público como tú, lo cual quiere decir que todo lo que leas demanda una adaptación y también un plan de ejecución. En muchas ocasiones el «timing» (o dicho en español, encontrar el tiempo oportuno) define el resultado de una idea más que la idea en sí misma. Lo que sabes de tu público determina si una idea es realizable o no con ellos, aunque igual, a veces te puedes sorprender.

Las ideas no tienen pies, manos u ojos, pero tú si así que no es que las ideas trabajan o no, sino que nosotros debemos trabajar para que las ideas lleguen a la acción.

Planea con anticipación. Creatividad no es sinónimo de espontaneidad. Si la idea requiere materiales, lo primero es conseguir los materiales. Si la idea demanda cómplices, prepara a los cómplices lo mejor posible de antemano.

Calendariza las ideas porque si esperas a la situación ideal para realizarlas, es posible que nunca vayan a suceder. Eso no quiere decir que no busques el tiempo oportuno como ya dijimos, pero oportuno no es sinónimo de perfecto.

LO VERDADERAMENTE SAGRADO

Por último, te recuerdo que prácticamente ninguna de las actividades que hacemos en el ministerio son sagradas. Lo sagrado es la palabra de Dios y las personas a las cuales servimos. Los horarios, comportamientos y costumbres son detalles de los usos de cada contexto. Ni siquiera el templo es sagrado porque Dios no habita ahí (Hechos 17:24). Ni el horario de la reunión, la manera de sentarse, o el orden de actividades está en la Biblia lo cual quiere decir que Dios te dio libertad creativa para implementar distintas ideas de cara a la misión de hacer discípulos (Mateo 28.18). Claro que debemos ser sensibles a lo que nuestra comunidad interpreta de cada costumbre (Romanos 14:1-2) y que siempre debemos estar seguros de no ser cómplices de rebeldía barata o bajar los estándares de moralidad, pero con sentido común, en todo se puede innovar para ser cada vez más fieles a la tarea que Dios puso en nuestras manos.

¡Ánimo en Jesús!

Dr. Lucas Leys
Autor. Fundador de e625.com

CONTENIDO

TU LISTA DE IDEAS

IDEAS generales

1 EL TERRENO DEL DEBATE Y LA EXPRESIÓN

Los jóvenes en edad universitaria se encuentran en el mundo de los dilemas y la asimilación de información contradictoria. Esta es la etapa de consolidar sus propias opiniones. Ahora se encuentran en el ámbito de los debates y en la universidad se exponen a ideas que pueden contradecir lo que aprendieron en la iglesia y por eso es tan importante ayudarles a expresar sus preguntas y aun sus dudas. Contrario a lo que se ha predicado en algunos círculos, la duda no es negativa, sino que es necesaria para establecer convicciones personales y firmes así que la expresión de la duda es una buena oportunidad.

Genera debates al menos en grupos pequeños siempre que puedas y también anímate a generar algunos foros entre todos. Siempre que se den distintas opiniones asegúrate de ir a la escritura y que sea ella que dicte la posición oficial respecto al tema en cuestión y en algunas cuestiones no tengas temor de no precipitar conclusiones y dejar que se piense diferente en una atmosfera de respeto.

Los jóvenes tienen muchas preguntas y diferentes puntos de vista y que lo puedan expresar con libertad les confirma que la iglesia no solo se trata de reuniones unidireccionales donde se les dice qué hacer, sino de ser reales en una verdadera comunidad de hermanos. Crea un ambiente de confianza y no de crítica. Que se sientan cómodos expresando sus inquietudes. Si no tienes todas las respuestas a sus preguntas, no te hagas problema porque tu trabajo no es responder todas sus preguntas sino ayudarlos a ellos a buscar repuestas de parte de Dios. Investiga, estudia y trabajen juntos para responder dilemas importantes.

2. USA El COACHING

Dentro de las filas de tu grupo de jóvenes hay mucho potencial y algunos de ellos no lo saben. Quizá alguno tenga la pasión por dar el mensaje o una reflexión, ayúdalo y dale la oportunidad de dar el mensaje. Otros tienen otras habilidades y siempre es una buena idea ser alguien que les ayuda a discernir ese potencial y aprender a conectarlo con los planes de Dios. No debe haber un mejor lugar donde puedan aprender y crecer, que en la iglesia. Si tienen algún evento especial involúcralos de acuerdo a sus dones y habilidades, aun cuando no tengan la experiencia para realizar el trabajo. Ellos se sentirán retados y animados al mismo tiempo si les das la posibilidad.

Instrúyete acerca de la herramienta del coaching. No hace falta que te conviertas en un profesional peor hay algunas técnicas simples que te ayudarán mucho a sacar a la luz lo mejor de tus jóvenes. Toma algún curso online de encontrar disponible.

En el ministerio con jóvenes es muy importante delegar responsabilidad y no solo tareas y para saber que están listos para eso es bueno tener una relación de uno a uno dónde te perciban como un coach que quiere que ganen.

3. MODELA. MODELA. MODELA

A partir de los 18 años se hace mucho más real la pregunta no solo de qué queremos hacer con nuestra vida sino de en quién queremos convertirnos y por eso los modelos cercanos que tengamos son tan fundamentales. Esfuérzate por dar lo mejor de ti en este aspecto y en términos prácticos esto significa que tomes tiempo para prepararte a la hora de enseñar, estés ahí para cuando ellos lleguen al grupo y para cuando te necesiten y tomes cuidado de cómo manejas tus relaciones interpersonales y no que solo les prestes atención a lo que haces con un micrófono en la mano.

Sé flexible con el horario de la reunión semanal, algunos de ellos salen tarde de la universidad o el trabajo y están cansados. Déjales saber constantemente que estas disponible para ellos, no les des la impresión de que estas demasiado ocupado, aunque debes mantener tus prioridades y ser alguien que modela lo que les estas enseñando. Si por ejemplo les dices que el tiempo para la familia es importante, es vital que puedan ver cómo tu administras tu tiempo. Si les enseñas que al amor es la prioridad del cristiano, tu manejo de las emociones va a predicar mucho más fuerte que tus sermones.

Rodéate de personas a las que puedas rendir cuentas, puedas pedir consejo y que te apoyen en oración. Convive con otros líderes de universitarios y compartan sus experiencias para que seas alguien que no tiene que equivocarse para aprender, sino que aprende de los errores de otros.

4. EL QUIÉN Y NO EL CUÁNTOS

En demasiadas iglesias de hoy pareciera que todo se trata acerca de números. Quítate esa presión de encima. El valor de tu ministerio no radica en cuantas personas tienes a tu cargo sino de cómo avanzan juntos a la madurez. Concéntrate en las personas y sus necesidades personales y todo lo que harás será mucho más relevante. Y la buena noticia es que en la medida que esas personas se sientan bien atendidas, tu grupo crecerá porque quien está feliz es contagioso.

5. EDIFICA UN EQUIPO SÓLIDO

Es imposible tener un ministerio de jóvenes en edad universitaria en crecimiento si lo único que haces es una reunión semanal dónde te escuchan hablar desde el pulpito. Los jóvenes de esta edad necesitan relaciones íntimas y por eso debes ampliar tu equipo de líderes y consejeros. La proporción de gente en el equipo de trabajo y la cantidad de participantes no puede ser mayor de 1 cada 10.

Convoca y suma a adultos que ya se graduaron de la

universidad, pero también abre el campo para que los mismos jóvenes universitarios sean parte de la planificación y de quienes comandan las actividades.

El foco de un ministerio eficaz es siempre el discipulado y no la administración de una reunión semanal.

6. El matrimonio modelo

Los jóvenes en esta etapa comienzan a considerar que el matrimonio es una posibilidad, pero te sorprenderías de la cantidad de jóvenes que le tienen terror a la idea y una de las razones es que muchos de ellos nunca han visto de cerca un matrimonio normal.

Probablemente lo pensaste alguna vez. Muchos jóvenes vienen de hogares rotos y son parte de familias disfuncionales donde incluso sus hermanos mayores ya se han divorciado y la pregunta que inevitablemente se hacen es: Si todos han fracasado a mi alrededor, ¿Porque voy tener éxito yo?

Para bien o para mal, el matrimonio de nuestros padres ha sido el principal modelo de matrimonio de nuestras vidas y si el de ellos no ha sido lo que podría haber sido, con más razones hace falta que las nuevas generaciones puedan tener modelos positivos de matrimonios cerca.

La familia está siendo atacada por la sociedad de hoy como nunca antes y el antídoto más poderoso es acercar modelos positivos a las nuevas generaciones para que los puedan imitar.

Claro que esos modelos no van a ser perfectos porque nada que incluye seres humanos lo es, pero asegúrate que en tu ministerio hay dos o tres o al menos un matrimonio que los jóvenes puedan conocer de cerca para enamorarse de la belleza del plan de Dios y en este sentido, si estás casado debes recordar que esta es otra razón de por que TU familia está primero.

7. LO MASIVO POR LO ÍNTIMO

A la mayoría de los adolescentes les atraen los grupos grandes, el ruido y lo popular; pero en la etapa de universidad todos comenzamos discernir que no podemos tener 20 amigos íntimos y por eso vamos siendo cada vez más selectivos y propensos al intercambio personal más que al ruido.

Claro que igual puedes tener un ministerio muy numeroso porque igual está probado que es muy difícil para cualquier humano relacionarse con un grupo de más de 40 personas así que la clave está en aprender a tener grupos pequeños dentro de un grupo que se va convirtiendo en cada vez más grande.

Por ahí seguramente escuchaste el mito que dice que en iglesia grande nadie se conoce y en una iglesia pequeña si; bueno, la verdad es que si la iglesia es muy pequeña puede ser, pero en una iglesia de más de 100 personas y una de 1000 todos nos relacionamos en un grupo más pequeño solo que en la de 1000 tenemos más oportunidades de ser selectivos que en la de 100.

El punto es que puedes tener un ministerio de jóvenes numeroso que sienten que tienen una relación íntima con uno o más líderes y que tienen suficientes relaciones de pares como para sentirse también contenidos y que tienen amigos.

Tu trabajo es que, a pensar de lo masivo, ellos sientan que no pasan desapercibidos en la multitud y que la reunión no es un show de masas, sino que tienen la oportunidad de interactuar y conocerse.

8. NOVIAZGO : YA NO SOLO OTRO TEMA ATRACTIVO

Tus jóvenes están en la etapa dónde al noviazgo ya no solo es cosa de sentimientos sino de anticipar el futuro y cómo nuestra tarea es facilitarles el mejor futuro que puedan tener, facilitar que encuentren a su pareja ideal ya no debe quedar afuera de nuestros planes e intereses.

Aquí hay una diferencia entre las iglesias grandes y las iglesias pequeñas o aun medianas y aunque sea incomodo admitirlo, una de las razones por la que muchos jóvenes de esta etapa hacen turismo hacia las iglesias con mayor población

de gente de su edad es simplemente la posibilidad de encontrar pareja, y no podemos culparlos por eso.

En muchas de las iglesias con menos jóvenes les insistimos que tienen que ponerse de novios con alguien que comparta su fe y eso es correcto, aunque la realidad practica es que muchos de ellos no tienen a dónde conocer a esas otras personas del mismo sexo si nosotros no lo facilitamos.

Recuerda, que el ministerio no se trata de hacer reuniones sino de ayudar a las nuevas generaciones a ser la mejor clase de hijos de Dios que pueden llegar a ser y encontrar a sus parejas ideales es vital en este sentido y por eso debe ser parte continuamente de tus planes.

Con esto no nos referimos a encontrarle la pareja sino a facilitarle que la encuentre. Por ejemplo, haciendo campamentos entre iglesias afines. Visitando el congreso de otra congregación o haciendo viajes misioneros de corto plazo con grupos de varias iglesias.

Las denominaciones pueden ser un lugar seguro para estos intercambios porque es probable que tus pastores se sientan más cómodos si tomas estas iniciativas dentro de la familia de iglesias a la que pertenecen.

9. LA SEGUNDA ADOLESCENCIA

La etapa más difícil de la época universitaria no suele ser el comienzo ni el final sino los años del medio. Al principio hay un sueño y al final hay una meta visible pero los años del medio de una carrera es cuando suelen existir más re planteos de estar en el lugar y la carrera correcta y esto en muchas ocasiones genera crisis de vocación e identidad

Los jóvenes que durante la adolescencia no hicieron algunas cosas por la presión familiar y ahora tienen la libertad de hacerlas comienzan a hacerlas por revancha. Otros comienzan a desesperarse por dejar a sus padres y se ponen de novios a e incluso quieren casarse de apuro o dejar la carrera y trabajar solamente para poder vivir solos. (el problema aquí está en el «solamente»).

En casi toda Hispanoamérica la independencia legal llega a los 21 y con ella el hallazgo emocional de que se avecina la adultez y esto puede provocar mucha ansiedad, inseguridad y sentimientos de inadecuación así que como en la adolescencia, esta etapa vuelve a requerir reformar la estima personal y la vitalidad de tomar decisiones con una visión positiva de futuro.

Ten en cuenta esto en todo lo que hagas al acercarte a aquellos que se encuentran entre los 20 y los 23 y aborda esos sentimientos en tus reuniones una y otra vez.

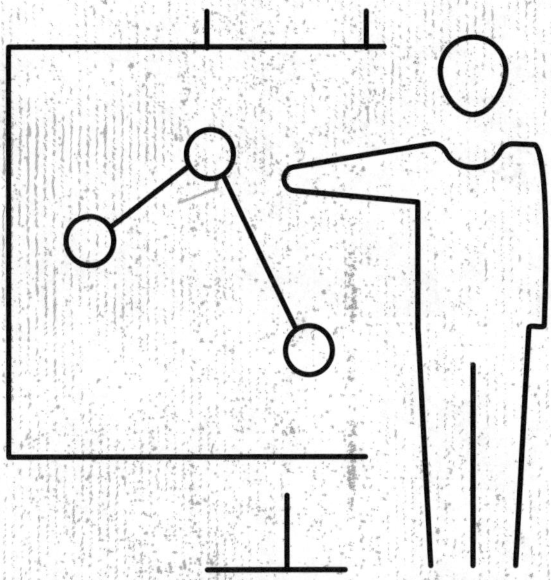

IDEAS

para potenciar sus futuros

10. REGULA EL ACTIVISMO

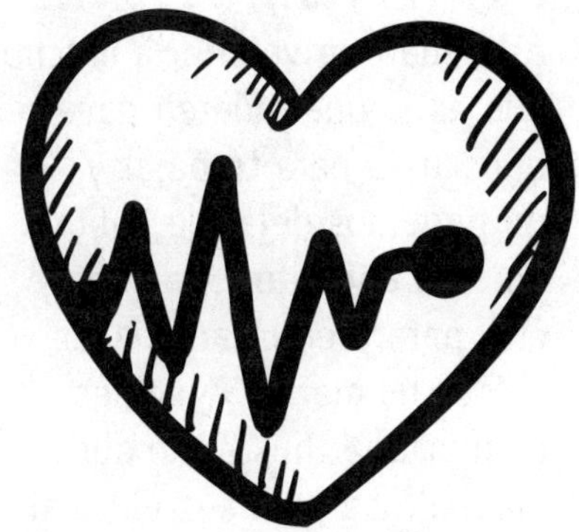

Muchos líderes de jóvenes en edad universitaria y muchas congregaciones se frustran con sus jóvenes universitarios por esperar que sigan igual de involucrados en las actividades de la iglesia que cuando eran adolescentes. Usualmente esperamos que vengan al menos dos veces por semana (la reunión de jóvenes y la reunión del domingo) y en muchos casos 3 o 4 si están involucrados por ejemplo en el ministerio de alabanza. El problema con esta expectativa es que ahora tienen más responsabilidades que cuando eran adolescentes. Tienen que estudiar y en muchos casos trabajar y cuando hay épocas de examen se les hace muy difícil prepararse para sus exámenes y seguir igual del involucrados en el ministerio.

Revisa tus expectativas y si tu ministerio es específico para los jóvenes de esta edad evita ser cómplice de que les vaya mal en los estudios. Tú quieres que les vaya bien y quieres que no se alejen de la iglesia, pero tienes que aprender a encontrar el ritmo correcto y planear acorde a la etapa que ellos están viviendo. Habla de esto con tu pastor porque probablemente sus expectativas tengan que cambiar. Y no les generes a los jóvenes culpa porque estuvieron estudiando. Aprende a acompañarlos más allá de las reuniones porque las actividades son para ellos y no ellos para las actividades.

11. ENTREVISTA DE METAS

A la edad universitaria muchos jóvenes no tienen claro que es lo que quieren hacer en la vida o algunos dejaron la escuela para trabajar y no podemos dejar de hablar de esto con ellos. Haz una cita para preguntarles acerca de sus metas. Ayúdales a confiar que Dios tiene algo maravilloso para sus vidas si aprovechan las oportunidades que tienen en su presente. La desesperanza es una de las peores consejeras de la vida porque quien no cree en su mañana no tiene temor a las malas consecuencias de las malas decisiones.

Sé proactivo en ayudarlos a encontrar recursos que los ayuden a terminar una carrera universitaria, graduarse o buscar un empleo. Hay muchas escuelas que proveen ayuda financiera, facilitan el estudio nocturno o en línea. Si necesitan trabajo no los abandones y al menos busca online durante la cita con ellos y comprométete a seguir prestando atención a si surge en tu camino alguna oportunidad para ellos.

12. BIENVENIDA VOCACIONAL

Una gran idea para dar la bienvenida a tu grupo de jóvenes universitarios a aquellos chicos que se acaban de graduar del secundario y vienen del grupo de adolescentes es invitarlos a tomar una merienda donde van a hacer un test vocacional juntos. Consíguete un buen test que puedas revisar antes de tiempo y si tienes alguna persona experta en el tema cerca, invita a esa persona a ayudarte. Esta es una actividad para hacer una sola vez al año y no tiene que ser grande, pero puede ser increíblemente significativa para esos jóvenes que ahora entran a las filas de tu ministerio.

13. EDUCACIÓN FINANCIERA

El dinero es un tema importante y la mayoría de los jóvenes no están expuestos a educación financiera que les ayude a tomar buenas decisiones con el dinero. Toma el tiempo y enséñales a tus universitarios como crear, manejar y mantener un presupuesto. Prepáralos a manejar sus finanzas correctamente mientras poco a poco más de ellos van comenzando a tener sus propios ingresos.

Busca personas expertas en el tema y llévalas al grupo. Este no es un tema menor y si consigues algún experto cristiano en el tema mejor para que los consejos no solo vengan del sentido común y el mundo de las finanzas, sino que puedan conectarlos con los consejos de la palabra de Dios.

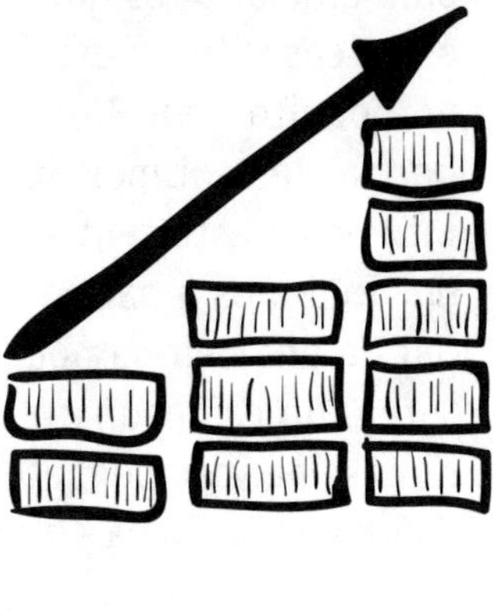

14. MATRIMONIO Y FAMILIA

Aunque sean solteros, algún día se van a casar y es importante que tengan en cuenta el privilegio y responsabilidad que es formar una familia. Muchas veces a los jóvenes se les habla de noviazgo, pero ve más allá y habla del matrimonio en si y del regalo de ser padres y cómo lo que ellos están decidiendo en su presente va a afectar esos futuros. Invita a padres de familia de la iglesia al grupo de jóvenes y permíteles que compartan sus experiencias como padres y cabezas del hogar. Enamora a tus jóvenes del plan de Dios para la familia y el matrimonio.

15. HÁBITOS SALUDABLES

Durante la etapa universitaria el tema del ejercicio se vuelve fundamental. Es posible que entre los universitarios de tu comunidad cristiana haya algunos que les guste salir a correr, nadar, o practicar algún deporte, úsalos a ellos para animar a los que estas cosas les cuestan un poquito más. Bien podrías unir grupos de interés en este sentido. Invítalos a participar de una carrera nocturna; un campeonato de fútbol relámpago; una medalla de piscina; campeonato de baloncesto, etc. Las opciones son amplias. Toma en consideración los deportes que son más comunes en tu país, así podrás adaptar la idea de forma tal que los jóvenes se emocionen y participen.

Incluye en tus mensajes hablar de hábitos de salud como la alimentación y el descanso. Demasiado seguido en el mundo cristiano usamos 1 Corintios 6.19 y 20 para hablar en contra de los vicios que escandalizan a la cultura cristiana de nuestro país, pero muchas veces olvidamos otros malos hábitos y hablar de los hábitos buenos que tienen que ver con el cuidado del templo del Espíritu Santo.

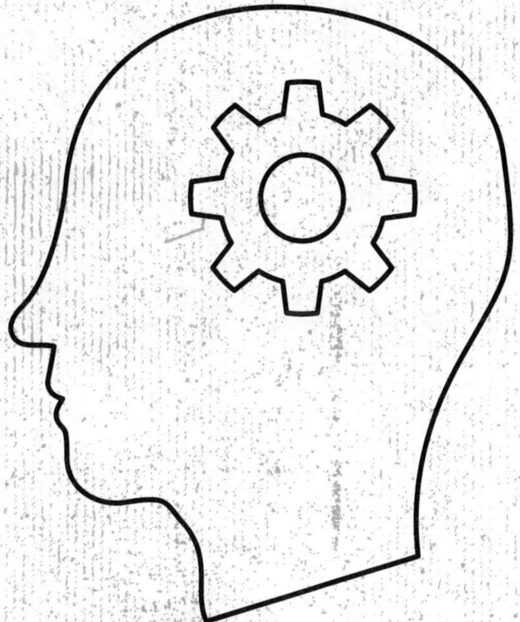

IDEAS para recordar nombres

16. VIDEO PRESENTACIONES

Aprovecha la tecnología y puedes hacer pequeños videos con tu celular dándoles la pauta de que deben hablar no más de 1 minuto y que cada joven diga su nombre, a qué se dedica, cuál es su equipo deportivo favorito y algo por lo que está agradecido a Dios. Esto ayudará a que la gente identifique a la persona, su nombre y un pequeño testimonio. Procura dejarlo también en redes sociales para que las personas que vayan y busquen en el grupo o en la fan-page de tu grupo puedan verlos y asociar rostros y nombres.

17. LOS OJOS Y LA ORACIÓN

Mira al joven a los ojos al preguntarle su nombre y saca una foto mental de él o ella repitiendo en tu cabeza su nombre. Al terminar la conversación repite su nombre diciendo que es bueno verla o conocerlo y al irte, es tiempo de hacer una breve oración. Toma cinco segundos y ora por esa persona levantando su nombre al señor.

18. LA SELFIE

Tomate una foto con el joven o la joven que acabas de conocer y si te da un poco de vergüenza hacerlo o piensas que quedaría extraño, suma a otras personas que estén a tu alrededor y luego en tu teléfono agrega los nombres de cada uno. Si subes la foto a redes sociales titulándola: dándole la bienvenida a Maria o Pedro y haces a ese joven el centro de la escena te será mucho más fácil encontrar su nombre para recordarlo después.

IDEAS

para facilitar la integración

19. LA MUDANZA

Muchos de tus jóvenes comienzan a dejar la casa de los padres, sea porque ahora van a la universidad, se mudan con amigos o se casan y la mudanza suele ser costosa y complicada así que ayúdalos con algo tan importante para ellos e involucra a otros jóvenes a hacerlo. Quienes sean parte de este evento tan especial quedarán ligados a la memoria de quien se muda y tú estarás colaborando a forjar amistades significativas.

20. EL AMIGO INVISIBLE 2.0

Probablemente conozcas el juego del amigo invisible o el amigo secreto. Se asigna a una persona para escribirle mensajitos o darle regalos a otro sin que sepa de quien vienen. El objetivo es doble porque por un lado anima al receptor y por el otro crea el escenario para favorecer una amistad.

Hoy a esta vieja practica se le pueden agregar algunos trucos tecnológicos como un video como esos que se suelen hacer en la ficción o la realidad con rehenes encapuchados que hablan con la voz distoricionada dónde el amigo invisible le da un mensaje a su amigo secreto. Con uno a dos de estos que tu muestres en una reunión ya todos compartirán la risa de no saber quién lo hizo, además de que quien recibe el mensaje de aliento de esta manera lo va hacer a la vista de todos.

Te recomendamos hacer este juego por un tiempo limitado de uno o dos meses, o incluso puedes hacerlo de manera intensa en un campamento.

El reparto de «amigos» lo haces con una caja donde pones los nombres de todos y cada uno va sacando al azar a alguno, pero te recomendamos involucrar a algunos líderes voluntarios que sean populares a tener de amigos secretos a algunos de tus chicos menos populares o nuevos para asegurarte que ellos reciben el mejor estimulo.

21 PROVOCA UNIDAD

Favorece siempre una atmosfera de amistad y unidad desarrollando la cultura del trabajo en equipo con actividades simples. Por ejemplo, puedes pedirles que dividan al grupo en grupos de cuatro personas y darles una hoja grandecita blanca o marcar una rea en el piso y pedirles que se las arreglen para todos pararse en la hoja al mismo tiempo. Explícales que tienen que poner la hoja en el suelo y que tienen un minuto para organizarse y entrar todos en la hoja. El primer equipo que logre quedarse cinco segundos adentro gana.

Otra opción es dividir el grupo en dos y decirles que tienen que llegar al otro extremo del lugar sin tocar el suelo y solo pueden cruzar pisando con el uso de dos hojas de papel. Parece loco, pero hay muchas maneras de lograrlo. Deja que se organicen y usen su imaginación.

22. ADOPTA A ALGUIEN DE LA COMUNIDAD

Los universitarios ya lograron una buena cantidad independencia como para realizar actividades comunitarias en lugares necesitados, de pobreza o incluso cierta inseguridad sin tener que pedir permiso a sus padres y sin que sea un gran desafío para ti. Pintar la casa de algún anciano, cortar su grama/césped, limpiarle la casa, llevar comida y las cosas básicas como toallas, pasta dental, desodorante. O simplemente visitarlos, y sentarse con ellos a platicar va a ser una gran diferencia en esas personas que vas a bendecir y también afianzará la amistad en el equipo.

Usa esta oportunidad para mezclarlos y no que solamente vayan con quienes siempre comparten su tiempo.

23. LA SOBREMESA ES EL MEJOR POSTRE

Varias de las escenas más importantes que tenemos de Jesús con sus discípulos ocurren alrededor de una mesa o se menciona que había comida y bebida.

El alimento tiene una connotación espiritual y emocional además de física y por eso es también una buena herramienta para el ministerio.

Asegúrate que luego de tus reuniones hay refrescos y algo para comer en tu congregación. Un servicio de buffet puede ser una buena herramienta para crear fondos, involucrar a algunos padres voluntarios y sobre todo facilitar la comunión. En los últimos años muchas iglesias han invertido en tener un café en sus propiedades y todas dan testimonio de cómo esta experiencia tiene efectos positivos en varias dimensiones. Habla de esto con tus pastores y si por las posibilidades edilicias y de presupuesto no se puede, búscate algún lugar cerquita de la iglesia que pueda convertirse en el lugar donde siempre se juntan después de la reunión. En muchos casos, ese lugar ya existe, pero no hiciste ningún convenio de arreglar un descuento o un menú especial luego de la reunión para incentivar desde la reunión de manera oficial que se junten allí luego.

24. EL EQUIPO

Organiza un equipo que se ocupe específicamente de recibir a los nuevos. Que los reciban con amor, registren sus nombres y les expliquen cómo funciona el ministerio.

Que se den a la tarea de introducir a esa persona a otras dos personas y si es posible que lo acerquen a alguien que luego van a ver o ya vieron en el escenario (seas tú, o alguien del equipo de alabanza). Es impresionante el impacto que tiene una buena recepción.

Este equipo puede tener varios voluntarios que se alternen en el rol, aunque es bueno que estas dinámicas se vayan convirtiendo en un habito de todos tus líderes.

25. FACILITA LA UNIDAD DE LA IGLESIA EN TU CIUDAD

Tu iglesia local o congregación es una expresión de la iglesia de Cristo en tu ciudad, pero no es la única y sería un gran beneficio para tu ministerio y el de otros que facilites la unidad de la iglesia de manera concreta y practica con tus adolescentes. Esto quiere decir que NO tienes que ser el organizador de cada evento cristiano al que vayan tus adolescentes, sino que puedes beneficiarte de los eventos que organizan otras congregaciones y hacerlos parte de TU oferta y programa, es decir no solo dejar o animar a que tus adolescentes vayan a ese congreso o concierto de otra congregación, sino ir oficialmente como grupo y sacarle provecho juntos, aunque no sea en tu templo. También, claro que puedes unirte a otros líderes de jóvenes de la ciudad y al menos una o dos veces por año planear algo juntos para que sus adolescentes se conozcan y compartan el entusiasmo de ser parte de grupos más grandes y ampliar sus posibilidades de amistad (y escoger parejas cuando sea tiempo).

No esperes que otro líder tome la iniciativa y no te quejes si otros no apoyan tus eventos sin primero apoyar los de ellos. Piensa fuera de la caja, o en este caso, de tu templo.

IDEAS

para apoyar a la familia

26. AVENTURA CON PAPÁ

Aprovecha el fin de semana del día del padre para organizar una salida a pescar, acampar o hacer algo no tan urbano entre papás e hijos varones. Otras posibilidades "masculinas" y más urbanas pueden ser

- Rentar un toro mecánico
- Ir a un parque donde puedan manejar "go-karts".
- Hacer competencias en parejas de padres e hijos.
- Hacer un camino de obstáculos donde los adolescentes se tapan los ojos y los padres los van guiando por el camino de obstáculos para resaltar la confianza que los jóvenes le deben tener a los padres y la importancia de apoyarse en ellos o incluso al revés.

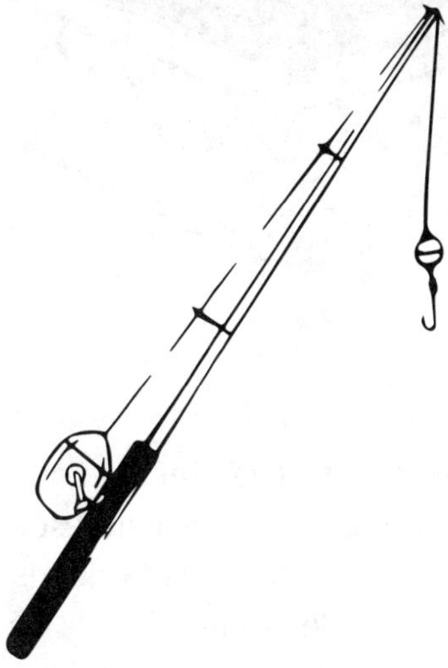

La relación de un joven con su papá es muy importante para desarrollar una identidad sana y esta actividad tiene el potencial de ser un bálsamo de sanidad en la relación de algunos de ellos y a la vez te ganarás el favor de esos padres para conseguir más apoyo para tu ministerio.

27. CENA DE LA MADRES

Organiza una cena con las mamás de tus jóvenes universitarios y deja que ellos las sirvan y las atiendan. Honren a cada una de ellas, con palabras de ánimo y amor y que los jóvenes realicen algún tipo de show para agasajarlas durante la cena.

28. COMPETENCIAS FAMILIARES

Un clásico picnic donde los universitarios llevan a sus familias a un parque puede ser una gran jornada de sanidad y juego. Lleven comida para compartir y organicen juegos donde las familias compitan entre si. Procura que ningún chico se quede sin familia y si alguno no tiene sus padres ahí, intégralo alguna familia asistente. Si te parece posible en tu contexto, una posibilidad es que este picnic sea sin hermanos menores para que se trate específicamente de la relación de tus jóvenes con sus papás.

29. HERMANOS MAYORES

En el Antiguo Testamento se le daba mucha atención al rol del hermano mayor y hay una razón de Dios para eso y es el poder de una influencia más cercana que la de los padres. Haz una reunión para hablar de la importancia de abrazar este rol en los jóvenes que tengas a tu cargo que sean los hermanos mayores en sus familias. Reconócelos y sorprende a algunos con algunas palabras de aprecio de sus hermanos menores y anima a todos a considerar la importancia de involucrarse como mentores en los que vienen detrás.

Esta es una excelente oportunidad también para animar a tus jóvenes a involucrarse como voluntarios en el ministerio de niños, preadolescentes o adolescentes.

IDEAS

para la consejería

30. RECLUTA ADULTOS

Involucra adultos de tu iglesia que puedan ayudarte a dar consejería a los jóvenes y apoyarte con el trabajo de mentorear a los jóvenes, pero permite que los jóvenes sean quienes elijan estos adultos como sus referentes personales. Esto te va a facilitar el trabajo y los jóvenes se sentirán en mayor confianza cuando acudan a ellos. Claro que usa tu criterio para evaluar quien te está ayudando y no te guíes solo por lo que los jóvenes quieren. Hay algunos adultos que pueden parecer muy serios, ocupados o distraídos, pero tienen un amor inmenso por Dios y una gran sabiduría la hora de aconsejar solo que necesitan ser reclutados con astucia para servir en el ministerio a los jóvenes.

Por si todavía no lo tienes claro, el mito que dice que los líderes de jóvenes deben ser jóvenes debe ser eliminado. Necesitamos adultos involucrados en el ministerio juvenil que modelen madurez y añadan el valor de la experiencia.

31. MENTOREA A LOS NOVIOS

Los novios necesitan consejo y dirección y una buena idea para que siempre lo tengan accesible es asignarles una pareja de casados como padrinos o mentores con los que puedan hablar cuando necesiten ya sea ambas parejas juntas o en privado cada uno.

Claro que tú puedes hacer este trabajo también, pero si tienes un grupo creciendo y no das abasto no dejes de delegar esta tarea que no es para "controlar" a la pareja y decidir por ellos sino acompañarlos y asegurarse de que tienen la posibilidad de hablar con alguien maduro y neutral.

32. DESARROLLA UN CURSO PREMATRIMONIAL

Cuando la relación de noviazgo ya tiene boda en el horizonte provee un curso de consejería prematrimonial a esa pareja. Toda congregación debería tenerlos. El matrimonio es un paso demasiado importante como para hacerlo sin consejos precisos.

Puedes desarrollar un curso de tres o cuatro encuentros antes de la boda o para poner la fecha de la boda según crean más conveniente en tu congregación. En www.e625.com desarrollamos un material titulado "Cómo salvar tu matrimonio antes de casarte" que fue cocebido con este fin.

33. DISCUTE MELODRAMAS

A muchos terráqueos nos resulta más fácil analizar las decisiones que hay que tomar en determinada situación cuando las analizamos en tercera persona. Es decir, vemos con más claridad las jugadas que deben hacer otros que las jugadas que nos tocan a nosotros y por eso, usar dramatizaciones de distintas situaciones y luego analizarlas puede ser una excelente herramienta para ayudar a tus jóvenes a pensar y considerar cuál es el mejor camino en situaciones populares que tarde o temprano les va a tocar enfrentar.

Elije algunos jóvenes y asígnales un papel y una situación para actuar. Quizás puedes escribir un pequeño guion o usar una de las obras de teatro breves que tenemos en la web de e625 o conseguir algún material de obras de teatro cortas. A veces es más divertido cuando las dramatizaciones son espontaneas, pero para no perder el punto tienes que asignar los roles con mucha precisión.

También puedes copiar alguna escena de alguna película o si crees que no tienes buenos actores o no se van a enganchar con esa parte, entonces escoge escenas cortas de alguna película o serie y luego de ver cada una, ayúdalos a hablar de cómo creen que tal o cual personaje se habrá sentido o por qué creen que un personaje le dijo lo que le dijo al otro. Es decir, hazlos analizar lo que acaban de ver. De esta manera harás que ellos mismo vayan sacando los mejores consejos a la luz.

34. PROVOCA CONVERSACIONES IMPORTANTES

Los momentos oportunos para conversaciones importantes hay que crearlos. No hay que esperarlos, sino que hay que provocarlos en la situación justa. Toda iglesia debiera tener una sala de consejería donde la gente se pudiera sentar cómoda para hablar, pero si no la tienes elije un aula o una oficina.

No temas hacer citas de consejería para poder prepararte. Algún café o sitio de hamburguesas es otra posibilidad, pero no son el mejor escenario para hablar cosas más íntimas dónde puede ser que tu joven tenga que contar algo muy emotivo que lo haga llorar.

El hacer citas de consejería también crea la mejor oportunidad para hablar de actitudes o acciones equivocadas que no es bueno corregir en público en el momento que las hacen.

Demasiado seguido la corrección viene en el preciso momento en que se comete un error y la circunstancia hace que solo perciban un regaño sin comprender una lección así que crear el lugar y el momento oportuno es también el mejor escenario para ser la mejor clase de consejero o consejera que puedas ser.

CREA
memorias

35. COMIENZO Y CIERRE DE CLASES

Es importante desarrollar algunas tradiciones con tu grupo de jóvenes y también es importante reconocer y celebrar algo que es importante en sus vidas y por eso el comienzo y cierre de clases no puede ser algo que pase desapercibido de tus reuniones. Aunque en algunos círculos se de a entender que las tradiciones son algo de la antigüedad, las tradiciones generan cohesión, identidad y pertenencia y algo tan importante como sus estudios te dan la oportunidad de generar algunas tradiciones positivas.

Haz una reunión de recomendación orando por todos aquellos que comienzan un nuevo año de universidad y otra para los que cierran sobre todo aquellos que terminan la carrera. El celebrar a los graduados debe ser una tradición muy importante porque inspira a los que vienen atrás a llegar a sus propios metas. Genera en estas reuniones alguna costumbre singular que practiques todos los años como entregar algún premio curioso o hacer a los graduados cantar y de esta manera será mucho más recordable.

36. FOTOS Y MÁS FOTOS

En este punto de la historia donde las redes sociales cibernéticas han tomado tanta fuerza, las fotografías de las actividades son fundamentales. Toma muchas fotos de tus actividades y súbelas en el perfil del ministerio. Escoge algunos voluntarios para encargarse de las redes y crea un perfil del ministerio dónde subir todas las fotos de los jóvenes en ellas. Etiqueta a todos. Asegúrate de tomar fotos de todos los asistentes en grupo, que nadie esté solo o alejado. Eso ayuda a crear tanto la interacción como el sentido de pertenencia.

Cuando alguno de los jóvenes cumpla años, crea una imagen con la foto del cumpleañero, súbela al perfil del ministerio donde todos le puedan felicitar. Eso crea identificación, les hace sentir a ellos que estás al pendiente de esos eventos importantes en sus vidas, y los acerca al ministerio. No dejes pasar un día tan importante en la vida de los jóvenes.

Y aunque las fotos de hoy suelen solamente ser digitales, imprime algunas y crea un mural «real» para celebrar el cierre de un año o alguna actividad especial.

37. EBENEZER

En Estados Unidos se celebra el día de «acción de gracias» la cual es una excelente costumbre para que las familias se reúnan a hacer cuentas de todas las cosas por las que están gradecidas y en especial para ser agradecidos unos con otros; pero las costumbre tiene una referencia previa en la Biblia y es el momento en el que Samuel (1 Samuel 7:12) y el ejército de Israel celebran una victoria en batalla colocando una gran piedra o altar en medio del campo de batalla a la que llaman Ebenezer, que quiere decir: «hasta aquí nos ha ayudado Dios.»

En nuestros ministerios es una buena idea celebrar nuestro propio día de acción de gracias. Podemos levantar nuestro propio Ebenezer simbólico de alguna manera divertida o incluso solemne (o ambas). Puedes escoger la fecha en que se celebra acción de gracias o celebrar la fecha cuando inició el ministerio y prepara una fiesta. Graba vídeos de los jóvenes compartiendo recuerdos, proyecta fotos de actividades del año, prepara una buena comida, invita a algunos de los padres que te ayuden a servir la comida esa noche. Al final toma una foto de todos, imprímela y dales una copia a cada uno si puedes o compártela en redes.

Detenernos a agradecer y reconocer la ayuda sobrenatural de Dios en nuestras vidas es siempre una buena idea y crear una ceremonia especial para hacerlo como hicieron los hebreos o hacerlo algo anual como en Norteamérica es una gran oportunidad.

38. DEPORTES EXTREMOS

Aunque no todos quieran ser los protagonistas de una jornada de deportes extremos, a todos les gustará participar de la experiencia, aunque sea mirando y a muchos de tus jóvenes les dará la oportunidad especial de lucirse. Asegúrate de tener los seguros del caso, las personas entrenadas necesarias y todos los implementos que se requieran. Pero mira alrededor de tu ciudad y busca alguna de esas experiencias extremas que llaman la atención de todos. ¿Qué hay en tu país? ¿Soy living, rapel, rápidos, canopy, paracaidismo, etc.? Las opciones son muchas. Como siempre, asegúrate de tomar algunas fotos y hacer videos y luego puedes regalarles a los que completaron la aventura una nota personalizada de tu parte recordándoles que «Vivir la aventura de seguir a Jesús no es menos que esto».

Usa la experiencia para hablar de una fe practica y de la locura del evangelio. (1 Corintios 1:18)

39. VISITA INESPERADA

Si alguien se ha ausentado por estudiar mucho por exámenes o proyectos, un grupo de jóvenes de la iglesia puede un día llegar de sorpresa a la casa de este amigo ausente y llevarle un pastel y una tarjeta diciéndole que le extrañan pero que sus oraciones están con él o ella en todo momento.

La experiencia será no solo inolvidable sino un gran recordatorio de la importancia de congregarse para ese joven y también para el resto de los que participen.

40. NOTA DE APRECIACIÓN

Escribe notas a cada uno de tus jóvenes y déjales saber por qué estas orgullosos de ellos. No hace falta que lo hagas una vez con todos. Puedes hacerlo de a cinco o de a diez y usar el año completo para hacerlo con todos.

Estas notas las puedes entregar en mano o enviarlas por correo y pueden ser tarjetas de cumpleaños o no tener una causa aparente

Si envías estas notas luego de alguna conversación significativa repitiendo algo clave que hablaron, la nota puede incluso ser todavía más poderosa.

41 El VIAJE

Viajar juntos prácticamente no tiene competencia ya que es una excelente manera de facilitar momentos únicos que afiancen las amistades y faciliten un sentido de identidad y pertenencia a un grupo.

Te recomendamos ubicar las mejores fechas en el calendario teniendo en cuenta que no sea en épocas conflictivas de exámenes universitarios u otras actividades de la iglesia y luego buscar las mejores oportunidades. El viaje puede ser misionero, pero también puedes ir oficialmente como grupo a algún evento cristiano en otra ciudad, incluso a servir. Imagínate la sorpresa de los organizadores del evento si te ofreces a ti y a tus jóvenes como voluntarios para ayudarles a hacer el evento y sin esperar nada a cambio...

Tu ganancia es la experiencia. Hacerlo anualmente y automatizar algún congreso, campamento o viaje misionero es una gran idea para ayudarte con la organización aunque si estás en el largo plazo te recomendamos cambiar el plan cada tres o cuatro años para no caer en la rutina y ese viaje sea simplemente algo más que «hay que hacer».

Viaja también con tu equipo de líderes. Tengan un retiro anual de planificación. La amistad entre ustedes va a repercutir en la amistad, la atmosfera y la intencionalidad del grupo también.

42. PLANIFICA LA ESPONTANEIDAD

La mayoría de los jóvenes universitarios tienen una vida más independiente que la de los adolescentes. Haz salidas sorpresa como a cenar, cine, a tomar un café, una escapada de fin de semana, un viaje a un lugar cercano, ejercicio, reunión en alguna casa, etc. Considera que sea una actividad que no requiera de mucha organización y presupuesto.

Pensar en planificar la espontaneidad parece una contradicción, pero no lo es. Tú puedes ser intencional en ser espontaneo y tener siempre un par de posibilidades en la mira y bien pensadas a la hora de hacer las propuestas «espontaneas».

43 LA MEJOR AMISTAD CON TUS JÓVENES

Toma el tiempo de convivir fuera de la iglesia con chicos del grupo de universitarios. Sorpréndelos con algo de comer a su lugar de trabajo, casa o dónde estudian. Puede ser solamente un café o visitar alguna función especial de algo que practiquen fuera de la iglesia. Presta atención a las actividades de su universidad y sobre todo trata de involucrarte en los cumpleaños. Es importante que sepan que cuentan contigo como amigo(a) y que no eres solamente la persona encargada de la reunión de la iglesia.

44. INVIERTE EN ELLOS.

Los jóvenes de esta etapa ya comenzaron a valorar el dinero de manera diferente a cuando eran adolescentes. Muchos de ellos ya no tienen dinero de papá o mamá sino propio y saben lo que cuesta conseguirlo así que, si por alguna razón te encuentras alguno de tus jóvenes en algún restaurant, café o lugar de comida y tienes la oportunidad, paga por lo que va a consumir.

Tu inversión llegará mucho más lejos que el valor monetario que inviertas.

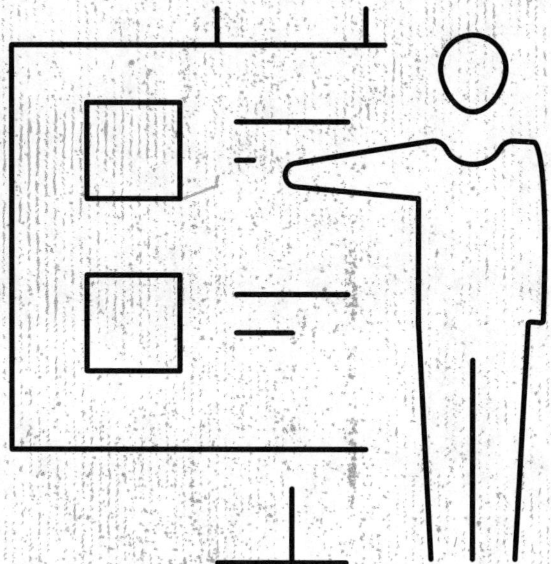

IDEAS

para reuniones y lecciones

45. EL PIZZA PARTY MILAGROSO

Uno de los milagros más famosos que hizo Jesús fue el de la multiplicación de los panes y los peces relatado en el evangelio de Marcos, capítulo 6 y al enseñar del tema mencionando que a Dios hay que darle lo que tenemos para que él lo multiplique en lo que necesitamos, puedes poner una rica pizza cortada en cinco porciones y dos refrescos en una mesita en el escenario y hablar de lo que sería si Jesús hubiera hecho ese milagro hoy y multiplicara esas porciones de pizza y los refrescos. Al terminar el mensaje diles que quieres hacer una oración con la pizza y los refrescos como símbolos y pídele al señor que los multiplique... Y al terminar con un grupo de voluntarios listo...entren al salón con pizza y refrescos para todos a modo de sorpresa. Terminar todos juntos compartiendo la pizza hará de la ilustración un ejemplo mucho más tangible y les hará compartir un momento muy divertido del que te aseguramos que hablarán por largo rato.

46. LA OTRA DENOMINACIÓN

Visita con tus jóvenes alguna iglesia de una denominación o estilo completamente diferente al de la tuya. Sea pentecostal, ortodoxa, bautista, metodista elige iglesias que tengan estilos de adoración muy diferentes: contemporáneo, tradicional, carismático al que tú estás acostumbrado. Prepara a tus jóvenes para ir con respeto y una actitud de aprendizaje, aunque el punto no es ir para cambiar lo que haces sino para que valoren que hay distintos estilos y en todo caso, que valoren el de ustedes. Después de todo, por algo ya son parte de tu iglesia y no la otra.

Este ejercicio puede ser muy enriquecedor para todos y una plataforma para hablar de la multiforme gracia de Dios mencionando 1 Pedro 4.10 y por qué no hay un solo estilo de adoración o liturgia sino distintos estilos que les resultan atractivos a distintos tipos de personas. Habla con los líderes de la otra iglesia de antemano para que se alegren por la visita y que sea una noche de celebrar la unidad y también la diversidad del cuerpo de Cristo.

Si más grupos de jóvenes pusieran en acción esta idea tendríamos mayor unidad entre todos los cristianos y también la madurez de comprender que no hay una sola manera de hacer las cosas.

47. LA OFRENDA

La ofrenda no puede ser un acto mecánico que hacemos porque hay que hacer o necesitamos.

Tómate una tarde con tu equipo de trabajo a pensar en maneras diferentes de expresar el momento de las

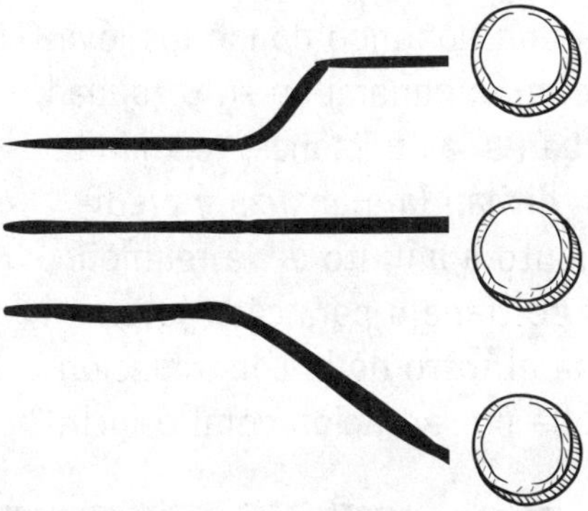

ofrendas. Enséñale a tus jóvenes que ofrendar no se trata exclusivamente da dar dinero, sino que es un principio de vida que nos ayuda a darle una dimensión practica a que Dios es el SEÑOR de nuestras vidas.

Establece un mes de la mayordomía dónde les enseñas a los jóvenes acerca de finanzas y haces una campaña honesta y transparente explicando por qué se necesita dinero en la iglesia y por qué es un gran ejercicio darlo.

Prepara a los jóvenes para terminar una noche de adoración con una ofrenda sacrificial dónde den más que algunas sobras para salir del paso. Explícales y hasta emociónales con la idea de que dar sacrificialmente es contra cultural y una locura para el mundo que solo los cristianos maduros pueden entender. Esa idea los desafiará.

48. ENCUESTA A JÓVENES EN LA UNIVERSIDAD

Asigna un tema a un grupo de jóvenes que esté relacionado con diferente experiencias o problemas que enfrentan diariamente. Envíalos a entrevistar y grabar en video a los jóvenes de sus universidades respondiendo las mismas preguntas. Edita el video de tal manera que muestre diferentes tipos de respuestas y muestra el video en la reunión para comenzar tu lección.

49. LOS JÓVENES DIRIGEN LA REUNIÓN GENERAL

Habla con tu pastor y pídele un domingo donde los jóvenes se hagan cargo de la reunión general en su totalidad. Que ellos sean los que reciban a las personas, recojan la ofrendas, den los anuncios, dirijan la alabanza y prediquen. Crea un programa minuto a minuto de la reunión y designa áreas específicas de trabajo para cada joven. Prepara cosas inusuales para el resto de la congregación como una obra de teatro, una presentación coral o incluye en el programa algunos jóvenes que tengan talentos inusuales.

Esta es una posibilidad para exponer los dones de tus jóvenes, que ellos se sientan protagonistas importantes de lo que sucede en la iglesia y también te permite entusiasmar a otros jóvenes que quizás no participan de tus reuniones a hacerlo.

Arregla con tu pastor que la ofrenda de ese domingo es para el ministerio de jóvenes o al menos que te den permiso de recoger una segunda ofrenda especial para algunas de las actividades especiales del ministerio juvenil.

50. LA ADMINISTRACIÓN DE LAS TENTACIONES

Aunque la Biblia relata claramente que el mismo Jesús fue tentado (Mateo 4:1-11), en muchos círculos cristianos se hace natural formar la idea de que ser tentados ya es sinónimo de pecar y el resultado es que los jóvenes creen que porque les atraen las relaciones sexuales prematrimoniales o algún vicio o se enojan con alguien que les trata mal ya es lo mismo que cometer algún pecado y entonces al sentirse culpables tienen menos control sobre sus decisiones.

Debemos enseñar que ser tentados es una cosa y pecar es otra y que TODOS experimentamos tentaciones y necesitamos pedir ayuda para ser fuertes antes ellas.

Enseña esta verdad con claridad a tus jóvenes y dales la pauta que la mejor estrategia para no ceder a las tentaciones es admitirlas con amigos del corazón y hacer pactos de mutuo cuidado dónde nos ayudamos los unos a los otros a permanecer firmes.

Como dice el fundador de e625, muchos tienen pecados secretos, justamente porque son secretos. La confesión es una de las disciplinas espirituales más poderosas para trabajar la santidad en nuestras vidas.

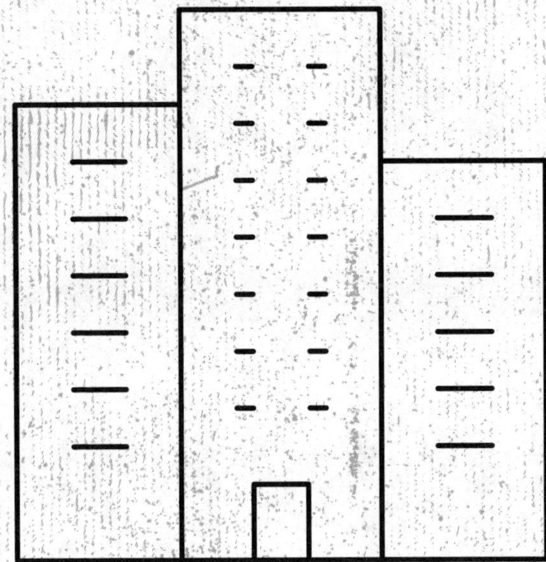

IDEAS

para brillar en la comunidad

51 EL REGALO DE SANGRE

La sangre tiene un valor simbólico de gran envergadura para los cristianos. Con ella Jesús pagó nuestros pecados y es bueno crear buenas oportunidades para resaltar esta verdad como, por ejemplo, hacer una campaña de donación de sangre para un hospital público.

También puedes llamar a la cruz roja, defensa civil, el ministerio de salud, o alguna organización local de las que trabajan en este rubro y crea con ellos un registro de donantes de sangre. (gente de la iglesia o no, dispuesta a donar cuando haga falta).

- Pongan un coordinador que haga la recepción los pedidos y se comunique con los voluntarios.
- Compromete a tus jóvenes y el resto de tu congregación a donar sangre un día y horario específico y convocar a un hospital de la zona para que envíe un camión sanitario y haga las extracciones en la misma sede de tu organización

52. VOLUNTARIADO

Con mucha seguridad que en tu ciudad hay muchas instituciones donde se hace una tarea social que beneficia a la comunidad y los jóvenes de tu congregación pueden realizar servicio comunitario. Investiga cuáles son las mejores en tu área y anima a tus jóvenes a donar su tiempo a su comunidad. Algunas actividades pueden ser campañas de salud, asistencia en asilos de ancianos, orfanatos y comedores públicos. Claro que puedes comenzar esos emprendimientos por tu cuenta y hacer que oficialmente sea algo de tu iglesia, pero también a veces lo más estratégico es apoyar lo que ya existe y dar un testimonio de servicio desinteresado en ámbitos dónde usualmente no nos metemos los cristianos.

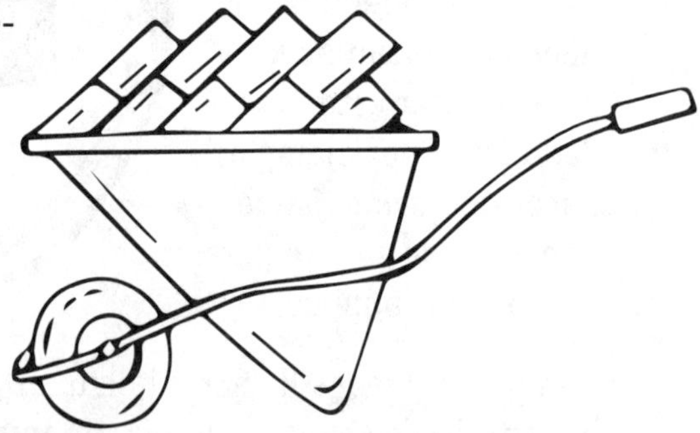

53. VISITAS CON PROPÓSITO

Mucho más fácil pero no menos importante que involucrarse en servicios comunitarios es organizar visitas especiales a lugares donde hace falta mucha ayuda.

Por ejemplo; celebra el día de la madre en un hogar de ancianos. O visita el hospital de niños y acérquense a cada cama o cuarto orando no solo por los niños enfermos sino por sus padres y familias. También puede hacer visitas de apoyo a escuelas o centros asitenciales necesitados. Que tus jóvenes pinten las paredes, arreglen el lugar o colaboren en la consutruccción.

Estas son visitas de un solo día pero que pueden tener un impacto poderoso en la comunidad y en tus jóvenes también.

54. LA MARATÓN

Si tu ciudad no tiene una, organiza una carrera con un fin solidario. Ve a la Dirección de Deportes de tu ciudad o municipio para que te ayuden. Puedes hacerla gratuita para que pueda participar toda la familia si consigues algunas empresas que hagan de sponsors o cobrar un registro para que haya un buen premio que incentive la participación. Usualmente lo mejor es ambas cosas. Patrocinadores para los premios y un precio de registro para los gastos administrativos y el resto que se recaude para el fin benéfico que puede ser para un hogar de ancianos o el hospital vecinal. (La institución que elijas será la primera sorprendida y la que más querrá que la maratón sea un éxito). Involucra a toda la iglesia y quizás hazla la sede o al menos una sede del registro para que todos pasen por allí.

55. LA DONACIÓN SORPRESA

Elige alguna asociación sin fines de lucro o institución que esté haciendo algo muy valioso en tu ciudad e investiga respecto a alguna necesidad especifica que tengan. La necesidad puede ser muy concreta como un par de compus, una página web, un sistema de seguridad, un tomógrafo o camas y desafía a tus jóvenes a hacer una ofrenda especial y una colecta para cubrir esa necesidad.

Cuando tengas el dinero suficiente, invita a algunos directivos de esa asociación diciéndoles que quieres que den un reporte público de lo que hacen (Es preferible que sean más que uno, aunque con uno basta), sin mencionar nada acerca de una ofrenda y en la reunión pautada déjale dar el reporte o hazle una entrevista para que cuente lo que hacen...y al terminar... que suban un par de jóvenes con la ofrenda sorpresa.... Y que todo el auditorio de jóvenes se ponga de pie y los ovacionen....

Termina orando por ellos. Te garantizamos que será poderoso.

IDEAS

para recaudar fondos

56. BAZAR DE ARTE

Si en tu grupo de jóvenes o en tu iglesia hay personas que pinten, dibujen, tomen fotografías, hagan escultura o creen algún tipo de obras artísticas, pídeles que donen algunos de sus trabajos y organizar un bazar de arte para venderlos. Habla con tu pastor que te permita utilizar el lobby de la iglesia o algún espacio apto para la exposición. Puedes optar por hacer una subasta de las piezas de arte o ponerles un precio fijo. Promociónalo en tu comunidad y en la iglesia. Apóyate de los artistas o de personas que puedan orientarte cómo hacer este tipo de bazar. También puedes utilizar alguna temporada en específico para realizar un bazar temático, por ejemplo, navidad.

Comienza por anunciar la idea a toda la iglesia. Te sorprenderás de cuantos hacen cosas que tú no sabes.

57. CINE UNIVERSITARIO

¿A quién no le gusta el cine? Escoge una sala o auditorio de alguna universidad pública y busca dentro de tus jóvenes quien puede conseguirlo. Utiliza las redes sociales para anunciar la película e imprime algún folleto, pide permiso en la universidad para promocionar la función dentro del campus, anima a los jóvenes que inviten a sus familias, amigos y compañeros de escuela. Elijan una película especial para esa edad, así como un día y horario que ayude a que más jóvenes asistan y cobra una entrada muy accesible. Organízate con tu equipo de trabajo y los jóvenes para que tengan palomitas, dulces y bebidas a la venta que colaboran con la parte de recaudar fondos y a disfrutar. Organízate con tiempo para que puedas tener el mayor número de asistentes y será una buena experiencia, un recurso evangelístico y a la vez levantas algo de fondos para otros proyectos.

58. FONDO DE AHORRO

Preséntales a tus jóvenes un plan de ahorro para un proyecto o actividad específica. Designa una cantidad semanal o mensual que se acomode a sus posibilidades y designa una persona responsable que se encargue de recaudar los fondos. El porte puede ser muy bajito pero la consistencia y el compromiso de todos puede ayudar a que en un tiempo determinado se puedan comprar instrumentos, una mejor pantalla, equipos o tener suficiente dinero para becas o un viaje evangelístico.

Cuando usas esta idea, luego de que el proyecto se concrete es muy importante presentar informes claros del uso de esos fondos para que puedan ver y sentir de manera tangible el valor de sus aportes.

Claro que también puedes sumar adultos de la iglesia que van querer donar económicamente para los jóvenes, pero pide permiso si vas a incluir adultos y ten en cuenta que esto no es solo por dinero lo que necesitas, sino que sean los mismos jóvenes los que tienen la oportunidad de que algo importante suceda mediante sus esfuerzos.

Por último, aunque es algo para comenzar por ahí, ten siempre muy claro las necesidades del grupo para poder dar una respuesta certera y clara para cuando te pregunten cómo los pueden apoyar y también ten un presupuesto realista para el proyecto porque es mucho más fácil decir necesitamos x$ que solo decir, necesitamos un nuevo teclado.

59. CON AMOR PARA TI

El día del amor o la amistad es una ocasión que se puede aprovechar para que tus jóvenes organicen un negocio temporal de entrega de flores, chocolates o regalos en su universidad, en la misma congregación o en alguna esquina importante del barrio de la iglesia. Puedes lograr que se organicen los jóvenes que van a la misma universidad y que anuncien la venta y entrega de flores, tarjetas

o chocolates y ese día coloca una mesa a las puertas de la universidad donde no los vayan a molestar y la universidad les permita estar. También pueden hacerlo en la iglesia el fin de semana previo o el mimo día del amor.

Busquen proveedores locales que puedan ofrecerles precios accesibles. Lo original se vende mejor y con algunos de tus jóvenes también les pueden dar a los regalos un toque distinto a todo lo que en esos días se está vendiendo en la ciudad. Como por ejemplo un moño diferente a los ramos de flores.

Si quieres agrega un versículo o información de la iglesia y servirá también para dar testimonio.

60. LA GRAN SUBASTA

Todos necesitamos dinero para las actividades especiales o materiales y recursos que requerimos en el ministerio y las subastas pueden ser una gran idea para sorprender y sorprendernos y levantar una buena cantidad de ayuda. Si buscas online verás que las subastas suelen ser el mecanismo por el que se venden las cosas más curiosas y caras del mundo y pueden ser un proceso muy divertido para vender cosas que la gente te done y sacar un precio por cada una de ellas.

Busca en Youtube cómo hablan de rápido los subastadores y consigue que alguno de tus adolescentes más chistosos aprenda a hablar así. Prepara un lugar para exhibir cada cosa que vaya pasando y dale a los participantes numeritos o cartelitos para subir cuando quieren decir el precio que están dispuestos a pagar por algo. Imita lo que veas online, incluso la decoración.

Pero el éxito de una subasta empieza por conseguir cosas buenas para subastar. ¿Cómo conseguirlas? Empieza por contarle a toda la iglesia con tiempo lo que van a hacer y que necesitas donaciones de cosas buenas para poder subastarlas y que otros las compren, explicando la razón por la que necesitas el dinero o contando lo que vas a hacer con él. Luego puedes ir a negocios y empresas a contarles lo que vas a hacer y conseguir algunas cosas también. Incluso puedes contactar a editoriales a ver si te regalan una colección de libros de alguna serie grande y puedes poner en la publicidad a la editorial por esto o también puedes contactar a sellos musicales y que te consigan algún poster firmado por los miembros de alguna banda musical que sea popular y que alguien de tu iglesia pueda apreciar.

Usa la imaginación y prepárate con tiempo. Una buena subasta puede ser un gran puntapié para contar con un buen presupuesto y si la conviertes en un evento anual y la haces cada vez mejor... puede ser todo un hito para tu ministerio.

61 TARDE DE LOS POSTRES

Invita a las familias de la iglesia a hornear y donar sus postres favoritos y a los jóvenes que les guste cocinar ponlos específicamente a hacer algunos dulces exóticos para asegurarte que hay variedad y vende los postres a la salida de la iglesia u organiza una tarde especial para que toda la congregación visite la tarde de postres y compren su porción como beneficio para el grupo de jóvenes.

Completa la oferta con café y té y si es posible helados y prepara algunos solistas para animar la tarde. Como los postres son donaciones, todos los ingresos irán a las reservas del ministerio a menos que el café y el té o los decorados tengan un costo, aunque puedes pedirle a alguna familia que done eso específicamente.

62. EL HOMBRE Y LA MUJER MÁS FUERTES DE LA IGLESIA

Busca un parque al aire libre dónde puedas preparar un buen circuito de obstáculos. Depende dónde vivas, claro, pero si el lugar tiene algunos accidentes geográficos mejor porque ellos te ayudarán a tener obstáculos naturales.

El desafío del circuito tiene que ser exigente pero accesible y sobre todo seguro y la idea es desafiar a tu iglesia (hacer un buen video te ayudaría mucho) a que se inscriban para participar y probar quiénes son los más fuertes de todos, en distintas categorías. Puedes hacer una competencia de hombres y otra de mujeres. Puedes hacer una de padres y otra de jóvenes. Puedes incluso hacer una carrera de niños o también puedes hacer una de parejas ya sea en parejas de hombre y mujer o madres e hijas y padres e hijos. Asegúrarte que la familia del pastor participa (cóbrale sus inscripciones también) y te asegurarás que todos piensen que es una gran idea.

Toda la experiencia puede ser muy divertida y aunque demande un poco de trabajo la gran clave es la planificación y puede ser una actividad muy redituable para el grupo.

IDEAS
para evangelizar

63. JESÚS PAGA LA CUENTA

Si estás listo para shockear a muchos, una buena idea es recaudar fondos con la iglesia y conseguir algunos patrocinadores para ir con tus universitarios a un mercado local o una calle dónde haya muchos puestos y ubicarse en algunos de ellos de cosas accesibles (frutas, muñecos, collares, venta de helados, etc.) y cuando alguien

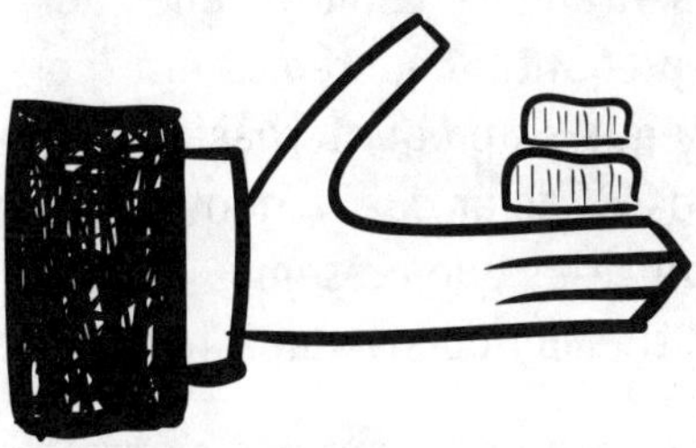

se acerque a comprar, en el momento que vaya a pagar la cuenta se le aborda y se le dice "no se preocupe..."Jesús quiere pagar su cuenta" y se lo pagas...

Las reacciones en la gente son variadas, pero lo primero es que tratarán de entender la propuesta y debes repetirla. "Si, es que Jesús quiere pagar su cuenta y aquí está el dinero para su compra. El pagó por todos los pecados de la humanidad y nosotros que somos de una iglesia pensamos que este era un buen ejemplo para que usted reciba esa noticia."

Los deben conocer ese guion a la perfección y estar preparados para varias reacciones. Algunos rechazan la ayuda, otros la reciben con incredulidad y otros la aceptan con gusto, pero todos estarán shokeados de que algunos jóvenes quieran pagar por ellos y algunos pensaran que hay una cámara oculta en el algún lado porque es una broma.

Muchas conversaciones pueden iniciarse y los jóvenes deberán estar listos a responder con paciencia y cariño. Muchas personas (la mayoría quizás) pensarán y dirán que un grupo de jóvenes cristianos pagaron su cuenta, pero se debe hacer énfasis en que no están pagando los jóvenes, sino es Jesús quien lo está haciendo.

64. COLECTA PEDIDOS DE ORACIÓN

Envía a tus jóvenes de dos en dos, casa por casa alrededor de la congregación presentándose como jóvenes de la iglesia que traemos una pregunta y queremos orar por las necesidades del barrio y que su pregunta básica sea ¿Qué quisieras pedirle a Dios? Y dejar que la gente responda y luego añadir: ¿Permitirías que orásemos ahora para pedirle eso a Dios por ti? Muy pocos van a negarse.

Eso es todo. Sin sermón, para que la gente se sienta escuchada y no invadida. Obviamente pueden dejar alguna linda tarjetita con información de la iglesia.

65. LA ENCUESTA DE FE

Elabora una lista de preguntas fundamentales acerca de la fe y envía a tus jóvenes de dos de dos, casa por casa, un sábado por la mañana o un domingo por la tarde alrededor de la congregación para realizar esta encuesta acerca de la fe de la gente de la ciudad.

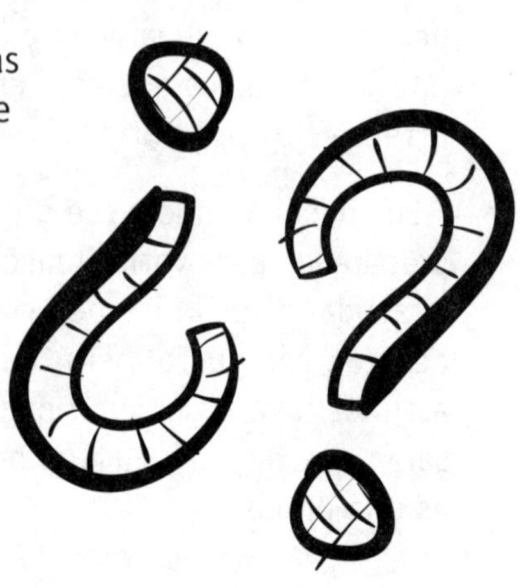

Las preguntas deben ser muy simples y directas como ¿Crees en Dios? - En caso de que si: ¿Te describirías como católico, cristiano o de otra fe? ¿Asistes a una iglesia? En caso de que no ¿Naciste en un hogar que creía o que no creía en Dios? Si la repuesta es que si. ¿Cuándo abandonaste tu fe? Luego puedes ir más allá con ¿Qué crees de los cristianos? ¿Irías a una iglesia evangélica? Y termina con ¿Qué debería hacer una iglesia para que decidas involucrarte?

Que al comenzar se presenten por nombre sin decir la iglesia y que expliquen que la encuesta va a ser muy corta y no lleva mucho tiempo y al terminarla que si digan de qué iglesia son y que queremos que sepan que estamos para servirle.

Hacer este ejercicio te servirá para acerca la iglesia a tu comunidad de una manera no amenazante, creará interés de tus jóvenes por la gente, dejará un buen testimonio y te servirá una vez tabuladas todas las respuestas para hacer un reporte a la congregación acerca de la fe de la ciudad.

66. EQUIPOS INTERNACIONALES

En algunos países como Canadá y Estados Unidos es bastante usual que un grupo de jóvenes haga un viaje en su verano a ayudar a alguna iglesia en alguna otra ciudad e incluso hay organizaciones que facilitan estos viajes. Busca online y conéctate con estas organizaciones como Inka Link en Ecuador y Perú o Juventud para Cristo y otras o contáctate directamente con una iglesia de otro país y ofrece ser sede de estos viajes con tus jóvenes.

Los jóvenes de tu grupo pueden recibir a los jóvenes del otro país en sus casas y juntos durante esta visita hacer actividades evangelísticas.

La gente de otro país que habla otro idioma suele llamar más la atención que la gente de tu país así que el tener un grupo de extranjeros puede ser una buena oportunidad de hacer algunos eventos en la vía pública.

El intercambio será una gran experiencia, harán nuevos amigos sin fronteras y muchos pueden conocer o reconciliarse con Dios a través de las actividades que hagan.

67. LA SALA DE URGENCIAS

La sala de urgencias de un hospital es dónde probablemente pasa más gente desesperanzada cada día. Visitar los viernes por la noche o sábados en la mañana o después de la reunión esa sala con un grupo de voluntarios puede ser una experiencia muy conmovedora. Siempre asegúrate de tener el permiso de la administración del hospital y de no entorpecer el trabajo de nadie y enfócate en la familia de los accidentados en vez de los pacientes como harías si visitaras salas normales del hospital.

Lleva botellitas de agua para regalar y prepara a tu grupo a orar por la gente más que a "sermonear". Ten algún tipo de folleto preparado para una ocasión así, que de palabras de consuelo e invite a confiar en el Señor y tenga información de la iglesia.

68. VIAJES EVANGELÍSTICOS

Organízate con un año de anticipación con los universitarios y trabajen para ir a alguna ciudad lejana y necesitada a llevar el evangelio. Involucren a la iglesia. Conéctate con una o más iglesias de esa ciudad. Oren por esa ciudad y planifica con ellos cada actividad que vayan a realizar.

Organiza una buena agenda a seguir en el viaje y prepara a tus jóvenes para tener la mejor actitud durante toda la experiencia. Este viaje no se trata de turismo ni de irla a pasar bien. Claro que tampoco es que la tienen que pasar mal, pero tienen que estar dispuestos a que, si es un lugar pobre y necesitado, no haya duchas de agua cliente, la comida no sea la mejor y además tienen que estar dispuestos a caminar mucho o realizar tareas manuales que requieran un desgaste físico.

Usa la experiencia para hablar de la importancia de las misiones haciendo un estudio de los viajes de Pablo y cómo su audacia y entrega dieron inicio a la cristianización del mundo.

69. ESQUINAS FELICES

Separa a tus jóvenes en dos grupos. Primero si tienes algunos jóvenes con talento musical para la percusión consigue tambores y otras cosas que hagan mucho ruido. Puedes agregar, silbatos, trompetas y vuvuzelas que se usan en los eventos deportivos o las fiestas de carnaval y ubícalos en una esquina a comenzar a hacer fiesta. Obviamente a la gente le llamará la atención y probablemente se acerque.

El segundo grupo de tus jóvenes se suma a los curiosos como observadores primero y lego intenta comenzar conversación con ellos y les explica que son de la iglesia y que están festejando porque han encontrado la paz y la alegría que hay en Jesús. Sin decir mucho más, que cuenten de qué iglesia son y que inviten a la gente a la próxima reunión. Esta no es una técnica para predicar o debatir en la vía publica sino simplemente para dar testimonio acerca del gozo que tenemos en Jesús e informar a la gente de que en tu iglesia sí saben ser un lugar y una comunidad cercana a la gente.

Por último, no se queden demasiado tiempo en la misma esquina ni vayan siempre a la misma para no molestar. Alterna esquinas concurridas de la ciudad cerca de tu congregación y todos estarán más contentos.

70. CONÉCTALOS CON LA REALIDAD

En tu comunidad, ciudad o país hay lugares con personas sin hogar y/o en pobreza extrema, busca algún ministerio u organización que este trabajando con este tipo de personas e involúcrate junto con tus jóvenes. Algunas de estas organizaciones construyen casas, reparten víveres y agua, proveen campañas de salud o limpieza de la ciudad. Es una buena oportunidad de compartir el amor de Dios con los necesitados y crear conciencia en los jóvenes de la realidad de mundo que los rodea.

Otra opción es que sean parte permanente de algún proyecto social, por ejemplo, asociarse a un orfanato, centro de rehabilitación, la cárcel o asilo de ancianos. Puedes ofrecerte como consejero e involucrar a los jóvenes. Toma en cuenta que ciertos lugares no son aptos para chicas o son de alto riesgo, pero esos son los lugares dónde quizás más se necesita que llevemos la luz de Jesús.

IDEAS

para mejorar tus mensajes

71. EL EQUIPO DE LA SERIE

Siempre es una buena idea dar estudios y mensajes en serie, donde todo el mes o por cierta cantidad de semanas se sigue una secuencia temática o material. Las series permiten ir más allá de repetir las cosas que saben todos y profundizar en el tema escogido y por eso también es una buena idea escoger un grupo de voluntarios para que investigue el tema que van a tratar y que ellos decidan el programa completo de la serie o ellos pueden aportarte a ti los datos y hasta el bosquejo para que tú se lo comuniques al resto del ministerio.

Ambientar el lugar y conectar juegos, rompe hielos, buscar ilustraciones y hacer una obra de teatro o un corto metraje casero para la apertura o cierre de la serie es otra buena idea, pero deja que ese equipo trabaje contigo en enriquecer esta serie en particular.

72. SUMERGE A LA BIBLIA EN LA UNIVERSIDAD

La Biblia no es un libro de historia sino una biblioteca de principios enmarcados en las historias del pueblo de Israel y por eso no es ningún sacrilegio extraer esos principios y contextualizar las conversaciones y escenas en situaciones que sean comunes para tus jóvenes en la universidad. Es decir: ¿Qué tal si las situaciones que enfrentaron José,

Moisés, Gedeón, Esther y María se dieran en la facultad de medicina, leyes o economía?

Sumérgete en el texto desde esta perspectiva ayuda a tus jóvenes a conectar de manera vívida esos principios que ellos deben extraer que de las historias para conectarlos a las decisiones que les toca tomar.

73. INTERRUMPE TUS MENSAJES

Estamos tan acostumbrados a sentarnos a escuchar un monologo cuando llega el momento de la predicación que causaría una gran sorpresa que entre el público tengas un infiltrado o más que comienzan a hablar contigo mientras predicas.

Uno puede pararse de repente y decir, yo tengo una pregunta o yo no estoy de acuerdo con eso, o decir alguna palabra clave queda vez que tú haces un movimiento que fue coordinado para eso. Las posibilidades son muchas y si lo tienes bien preparado puede generar un impacto inolvidable.

74. ARMA UN EQUIPO DE PRODUCCIÓN

Se debe terminar el tiempo de siempre preparar los mensajes a solas. Si ya sabes que te tocará predicar tanta cantidad de veces en el año, escoge un equipo de gente que te ayude a preparar esos mensajes. Sobre todo, en el aspecto del uso de la tecnología encontrarás que esta es la manera de involucrar a algunos jóvenes que no parecen estar muy interesados en los sermones pero que de esta manera pueden ser participes de buscar videos para ilustrar los puntos, buscar alguna aplicación del teléfono o filmar entrevistas o videos simples para ilustrar el tema.

75. TUS CORRESPONSALES

La tecnología de hoy te regala la posibilidad de traer prácticamente en vivo a alguien a la reunión que está muy lejos y eso te permite agregar comentaristas o corresponsales con los que comunicarte por unos minutos para conversar acerca de algún punto en tu mensaje.

El comentarista puede ser el pastor desde su casa, algún papá o pueden ser autores, predicadores y músicos que los jóvenes conozcan a los que les pides conectarse a determinada hora asegurándoles que es algo importante pero muy cortito donde quieres que hablen de tal cosa o que les vas a hacer tal pregunta.

Estos corresponsales van a enriquecer tu exposición y a la vez, hacerla mucho más interesante.

76. ROMPE EL HIELO EN LA SALA

Ambienta una pequeña sala arriba del escenario al estilo de los programas de TV de las noches; y para introducir el tema del que vas a hablar, es una buena idea llamar a dos o tres voluntarios y comenzar el mensaje haciendo preguntas acerca de lo que creen acerca de ciertas cosas que vas a mencionar después.

Obviamente intenta no exhibir a nadie, pero puedes usar este rompe hielo para llamar la atención acerca del tema de la noche y lo que luego vas a estar exponiendo.

Esos voluntarios se interesarán más por el tema y habrán sido protagonistas del mensaje.

77. SIGUE UN LIBRO

La literatura te provee una excelente herramienta de estudio grupal para analizar un tema en una serie. Hay libros que están especialmente pensados para esto y otros que, aunque son libros normales puedes adaptar perfectamente y no es una mala idea que cada joven reciba una copia que o puedes regalar u ofrecer a un gran descuento para que todos vayan siguiendo la lectura mientras dure la serie.

El impacto de tener un libro que complemente las reuniones será poderoso y te permitirá tratar el tema en mayor profundidad y que los mismos jóvenes puedan tener de referencia luego para no olvidar lo que estudiaron.

IDEAS

para noches especiales

78. NOCHE DE PREGUNTAS Y RESPUESTAS

Invita a los jóvenes a una reunión especial donde podrán hacer todas las preguntas que se han hecho y que no han encontrado la oportunidad de hacer o no han obtenido respuestas. Genera expectativa. Diles que tendrás expertos en temas variados para responder a sus dudas. Puedes hacer una caja donde los muchachos depositen sus preguntas desde unas dos semanas antes. Haz carteles con algunas de las preguntas y símbolos de interrogantes para decorar el salón esa noche.

Otra opción es que esa misma noche los recibas con un papel y un lápiz a cada uno para que escriban una o más preguntas y la depositen en el buzón y luego tú las vas sacando al azar y tu panel de 2 o 3 expertos junto contigo eligen cuales quieren responder cada uno.

Dales libertad de preguntar lo que quieran y si de alguna pregunta ninguno de los "expertos" saben la respuesta simplemente digan qué les parece si estudiamos eso luego e invitas a quien la hizo a acercarse para que juntos busquen la respuesta.

Para finalizar, deja claro que, aunque unos sabemos de un tema más que otro, ninguno es un experto de la vida o acerca de Dios porque todos le seguimos conociendo todavía.

Los ignorantes no son quienes tienen preguntas sino quienes teniéndolas las ignoran y no hacen nada al respecto.

79. NOCHE DE ORACIÓN POR EL PAÍS

Puedes realizar esta noche cerca de alguna fecha que sea importante para tu nación y comenzarla cantando el himno nacional.

El objetivo de la noche está muy claro, pero puedes sorprender a los participantes con una guía de oración y distintos reportes que sean importantes.

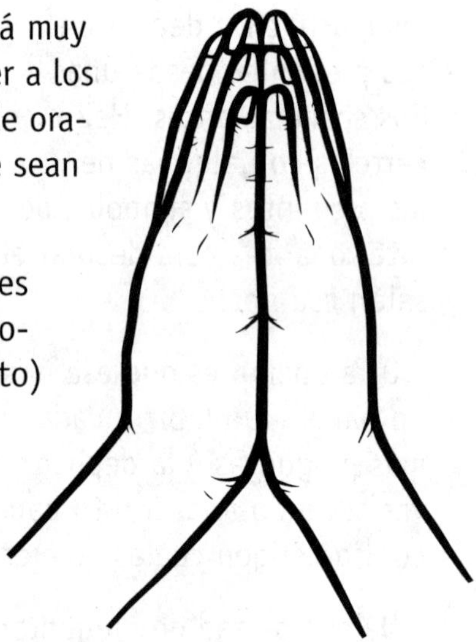

En la guía de oración puedes decidir ir orando por cada provincia (Estado o departamento) pero también hacer algunos reportes demográficos o educativos o mencionar problemas y desafíos que hay en esa area. Busca online el último censo que haya disponible y usa esa información además de poner fotos del lugar en la pantalla.

Puedes adornar todo con los colores típicos de tu país, traer comida típica (pídeles a los jóvenes que traigan algo de comer cada uno para compartir con los demás).

Y disfrutar un tiempo de oración que se conecte con algo tan cercano y real al corazón de todos como es el país en el que nacieron.

80. LA SALA DE TEATRO

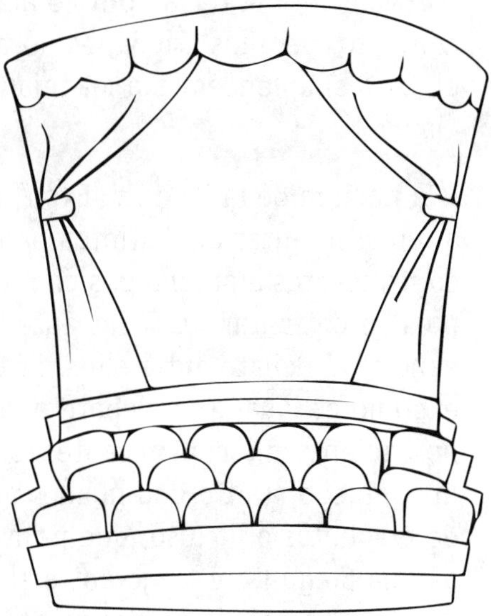

En tu ciudad probablemente hay alguna sala teatral que no se use demasiado y la noticia es que perfectamente la puedes rentar, alquilar o conseguir a cambio de hacerle algunos arreglos. Allí puedes hacer una obra de teatro o una competencia de varios dramas cortos con tus jóvenes a los que les guste o les divierta la idea de actuar. De esta manera si sales de las cuatro paredes del templo y estar allí es una prefecta oportunidad para hacer evangelismo invitando a no cristianos a participar de la actividad de tu ministerio.

A tus jóvenes les encantará la idea de actuar en un teatro verdadero y si el desafío es el dinero, puedes cobrar una entrada accesible que seguro tu iglesia y quizás otras apreciarán de pagar por ver qué haces en ese lugar. Claro, prepara algo excelente.

81. EXPO POLÍTICA

En la historia de la humanidad no es una novedad tener presentaciones políticas en iglesias y la posibilidad es buena siempre que se maneje con inteligencia y prudencia.

Obviamente el tema político acelera la posibilidad del conflicto, pero los cristianos no tenemos por qué evitar el tema si aprendemos a manejarlo con madurez y astucia.

El nombre de la idea es "Expo" porque puedes invitar a representantes de distintos partidos políticos o los contrincantes a alguna posición en tu ciudad para que puedan presentar sus ideas ante tus jóvenes, pero sin generar el debate entre ellos. Es decir, el concepto de un expo no es igual a un debate porque los representantes no hablan como contrincantes, sino que primero habla uno y luego el otro y lo puedes manejar con secuencias de preguntas e incluso, que primero entre uno y responda una pregunta y luego entre el otro sin haber escuchado la pregunta y la respuesta de su contrincante, pero tenga que responder exactamente la misma pregunta que le hiciste al otro. También puede ser una entrevista completa con las mismas preguntas y a cada uno le asignas unos minutos para dar su posición.

Claro, también puedes hacer esto con tus mismos jóvenes como expositores, aunque te recomendamos que para darle un toque creativo y desafiante puedes pedirle a cada uno que defienda al máximo de su capacidad la posición política que menos le gusta. Allí el ejercicio se trata de ver la realidad desde los ojos del otro y puedes aclararles a todos de antemano lo que están presenciando.

Por último, si tienes la posibilidad de traer candidatos realmente importantes, y no quieres hacerlo el mismo día, también es una buena posibilidad, y en este ámbito es más fácil abrir a que tus jóvenes sean los que le hacen las preguntas porque el punto no es que perciban que le estas dando una oportunidad a un partido político en particular, sino que consideras a tus jóvenes lo suficientemente importantes como para que los políticos vengan a exponerles sus propuestas a ellos. Lo que si también te recomendamos si no es el mismo día, es que no lo hagas si no tienes confirmado al otro.

Siempre termina estas sesiones con oración por el país y por sabiduría de Dios para los candidatos y tus jóvenes.

82. SERENATA A DIOS

Al menos una vez al año es una buena idea que todo el programa de la reunión sea un tiempo de alabanza y adoración a Dios. Alterna algunas lecturas bíblicas cada cierto número de canciones dándole la oportunidad a distintos jóvenes que sean los que leen en público de la palabra de Dios y quizás si alguno escribe poesías puedes incluirlo en la jornada pero que el resto sea un tiempo completo de exaltar el nombre del Señor a través de la música.

Ten a tu banda tocando desde minutos antes de comenzar oficialmente y eso los sorprenderá también y creará el ambiente ideal para el foco de la noche.

83. CINE AL AIRE LIBRE

Si en tu país tienen auto cinemas, coordínate con tus jóvenes y vayan a ver alguna película o renten el lugar para una función exclusiva. También puedes hacer esto en un parque o una terraza o una piscina en días de verano o crear tu propio autocine en un estacionamiento grande donde haya un paredón. Estas noches de cine suelen ser orptunidades inolvidables y muy adecuadas para jóvenes de esta edad. Lleven comida para compartir y disfruten el tiempo juntos.

84. ENCUENTRO DE MEDIANOCHE

Muchos de los universitarios trabajan y estudian al mismo tiempo. Coordínate con unos cinco o seis que salen tarde de la facultad o del trabajo y salgan a cenar o tomar un café juntos. El grupo no debe ser muy grande para que puedan conversar y sorpréndelos con a quién más invitaste a la ocasión. Para algunos es el mejor tiempo que tienen para convivir y esta ocasión fuera de "horario" puede energizarles la jornada y darles algo en común a un par de miembros del grupo que no se conocían tanto, pero tienen en común sus horarios y el sector de la ciudad donde estudian o trabajan.

85. FIESTA DE LA COMEDIA

En más y más países se sigue poniendo de moda el "stand up comedy" o la improvisación de comedia ante un publico ya sea sentado en un auditorio normal o en mesitas chicas. No tengas temor de usar el humor en el ministerio y hacer un festival de chistes sanos e impulsar a algunos de tus jóvenes a preparar algunas rutinas de comedia.

Si el problema que te viene a la mente es que alguien de la iglesia diga que están usando la reunión para "fines del mundo", saca la noche de comedia del templo y en la mayoría de los casos el problema está solucionado. Con tristeza debemos admitir que creemos que el templo es la iglesia y no que nosotros lo somos y que el templo no es un lugar más santo que dónde quiera que vayamos nosotros que somos templo del Espíritu Santo.

Una noche de comedia no solo será una ocasión para reírse y festejar ese poderoso invento de Dios que es la risa, sino que te aseguramos que te ayudará a descubrir talentos que desconocías que existían en tu grupo.

86. LA NOCHE DE LAS NOTICIAS

Ambienta la reunión como un programa de noticias de CNN u otro canal especializado en noticias y piensa la reunión en este formato. Seguramente sabes que "evangelio" quiere decir buenas noticias así que piensa en testimonios, oraciones respondidas, promesas de Dios y sobre todo cierra con la mejor noticia de todas: Jesús.

Incluye a varias personas en la mesa de noticias e inventa periodistas que se reportan desde otro lado en videos que fueron hechos especialmente para la ocasión.

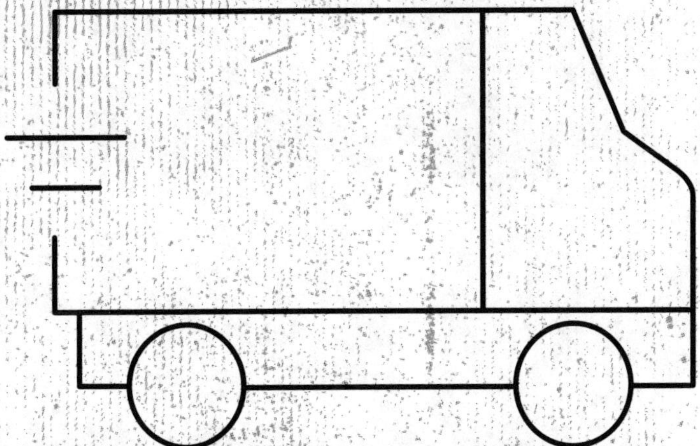

JUEGOS rápidos

87. LIMONADA EXPRESS

Necesitas:

- Una caja de sobres de azúcar
- Limones
- Vasos grandes
- Agua fría

Preparación:

Corta los limones en cuatro partes. Llena los vasos con agua fría

Pide tres voluntarios que vengan al frente y siéntalos en una silla mirando hacia el resto del grupo. Dales dos sobres de azúcar, un limón (cortado en cuatro partes) y un vaso grande de agua fría. A la cuenta de "tres" ellos tienen que empezar comiéndose el azúcar, después el limón y finalmente tomarse toda el agua. El primero que termine con el azúcar, el limón y el agua es el ganador. El repertorio de caras que vas a ver es asombroso.

Asegúrate de sacar muchas fotos

88. LABIOS COLORIDOS

Necesitas tres lápices labiales o pintalabios de colores fuertes.

Invita dos o tres parejas de novios a participar. Es mejor que sean novios porque el tema de fondo es prepararse para el matrimonio y estar listo para ayudar a tu pareja "a ciegas'... en lo que cree importante.

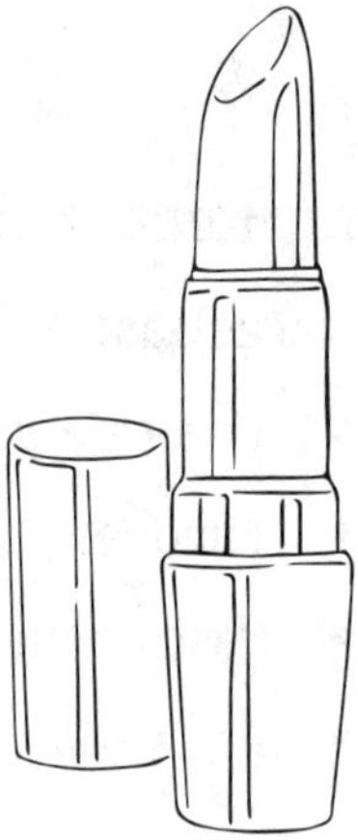

La idea es que los chicos deben sostener el pintalabios o vendados o con su boca con el color hacia fuera y que las chicas se pinten los labios con el lápiz labial solamente moviendo sus cabezas y sin la ayuda de sus manos. Dales un par de minutos para que se apliquen el lápiz labial. Puedes poner jueces para que digan quien se aplicó mejor el color o todo el grupo pueden ser los jueces también.

Esta es una idea que también puede funcionar para una despedida de solteros.

89. PASTELES RÁPIDOS

Necesitas:

- Dos o tres moldes de aluminio
- Uno o dos latas de crema chantillí
- Una lona o plástico para proteger el piso o alfombra
- Música

Llena los moldes con la crema chantilly. Solo necesitarás un molde a la vez, pero es bueno tener listo uno extra para ahorrar tiempo a la hora de rellenar los moldes.

Escoge a 10 participantes que sean abiertos a las bromas y haz que formen una línea paralela al resto del grupo y mirando a la audiencia. Pásale un molde con crema a la primera persona de la fila. Cuando la música empiece tienen que pasarse el pastel a la persona que tiene al lado. Haz que la persona que maneja la música no tenga visibilidad de la línea de los participantes y sea totalmente imparcial. Cuando la música pare, la persona que se queda con el pastel en las manos tendrá la opción de escoger entre la persona de su derecha o izquierda para poner el pastel en la cara de una de esas personas. A la persona que se le puso el pastel en la cara pierde y se sienta. Así vuelven a poner música hasta que solo queden dos personas y la última persona que se quede con el pastel en las manos gana cuando le pone el pastel en la cara al otro.

Cada pastel no puede durar más de tres segundos en las manos de cada participante. Haz un video con el juego y salo en las promociones del grupo.

90. ESQUIANDO POR TU VIDA

Para este juego necesitas bastante espacio. Al menos cuatro tablas grandes que parezcan esquíes donde se puedan parar dos personas y cinta adhesiva resistente

Pide al menos 4 voluntarios o si puedes hacer más esquíes, puedes involucrar a muchos más voluntarios y ponlos en pareja. Pide a otros miembros del grupo que los ayuden a pegar el pedazo de madera a sus cada uno de sus zapatos con la cita adhesiva. Ambas piernas izquierdas a en una pieza de madera y ambas piernas derechas en la otra pieza de madera. Una vez que terminen, haz que ellos los ayuden a levantarse. No pueden moverse al menos que se muevan las parejas juntas.

A tu señal que empiecen a esquiar hasta la meta que hayas marcado previamente y de ahí tienen que regresar a donde salieron, la primera pareja en llegar gana.

Este juego es ideal para un campamento o retiro o si tienes un gimnasio grande y si a tus jóvenes les gusta puedes pedirle a algún carpintero que te fabrique los esquíes usando soga como para que sea más fácil poner los pies y si quieres hacerlo más complicado y vistoso, que los esquíes sean para tres personas.

91. AUENTO DE CEBOLLA

Necesitas:

- Una cebolla in cascara
- Música

Haz que todo el grupo se siente en un círculo o en caso de ser un grupo muy grande, escoge un número de voluntarios para hacerlo en el escenario a la vista de todos. Alguien más tiene que controlar la música y esta persona debe ser imparcial y sin tener a la vista la cebolla., o puede ser que tu bajes el brazo y entonces la persona de la música la apague.

Dile al grupo que tienen que pasar la cebolla mientras suene la música. Cuando la música pare, la persona que tiene la cebolla, deberá morderla. Después de que la persona muerda la cebolla la música vuelve a sonar y puedes repetir la secuencia con un par de mordidas en la misma cebolla.

Puedes usar este juego para ilustrar que el mal carácter es como el mal aliento, que todos nos damos cuenta quien lo tiene menos la persona que lo tiene.

92. LA SANDÍA

Necesitas:

- Una o más sandías grandes
- Una mesa
- Una lona o plástico para proteger el piso o alfombra
- Servilletas

Corta la sandía en cuatro partes y pon en la mesa dos pedazos. Pide dos voluntarios y explícales que deberán comerse su pedazo de sandía sin usar las manos. Cuenta hasta tres y el primero que se termine su sandía gana. Puedes repetir todas las veces que te alcancen las porciones. Usa las servilletas para que los chicos se limpien el exceso de jugo de sandía en sus caras.

93. REY PONG

Uno de los juegos más populares para antes o después de la reunión de jóvenes en muchas iglesias es el ping-pong, pero tarde o temprano los jóvenes comienzan a aburrirse y las mesas quedan olvidadas.
O quizás lo que quieres es estrenarlas o que más jóvenes puedan jugar y esta idea se trata de eso.

Coloca una mesa de ping-pong seguida a la otra, a lo largo y la red lo más centrada posible. De esta forma puedes jugar como siempre con las reglas generales o variar un poco jugando de a muchos girando alrededor de la mesa, en equipos de 4 o más, con múltiples golpes en cada lado. El resultado será muy divertido.

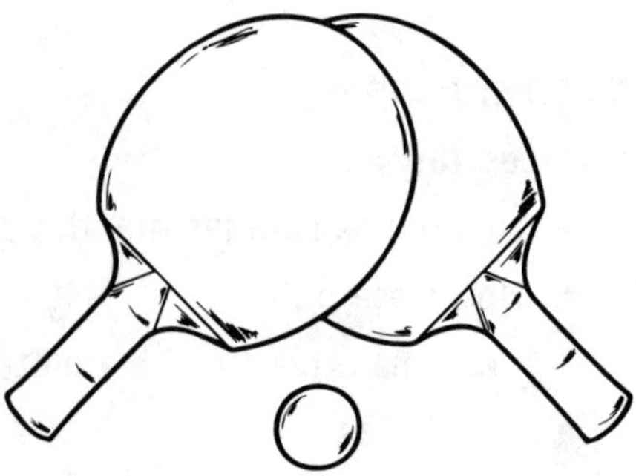

94. DESCIFRA LA PELÍCULA

Entrégale a cada joven una tarjeta dónde puedan escribir y pídeles que escriban el nombre de una película o programa de TV. Animales que sean creativos e indícales que nadie más puede ver lo que escribieron.

Luego junta las tarjetas y divide al grupo en equipos de cinco o seis jugadores (incluye a los líderes también)

Cada equipo va a comenzar eligiendo a dos voluntarios y tu elije a uno de los equipos y que esos dos voluntarios pasen al frente y les dejas sacar sin mirar, una tarjeta de la pila que juntaste. Lo que los voluntarios van a tener que hacer es actuar alguna escena de la película o serie, pero sin decir cuál es y sin usar nombres.

Dale un minuto para pensar la escena y luego tres para actuarla y que los otros miembros del equipo adivinen de cuál película o serie se trata. Si puedes poner una cuenta regresiva en una pantalla mejor.

Si el equipo no logra descifrar la película, da la posibilidad para que el resto de los equipos intenten robarla, pero explica de ante mano que cada equipo tendrá un solo intento y que todos deben decir su repuesta al mismo tiempo. (ten jueces para saber cuántos equipos descifraron la película).

Para un poco de extra diversión haz un video de las actuaciones estelares y pásalo a todos en el siguiente encuentro.

IDEAS
para afirmar la estima

95. ESPEJITO, ESPEJITO

En la puerta de entrada del salón que uses para tu grupo o en algún lugar estratégico ubica un par de espejos enmarcados de manera atractiva con carteles que digan: Así se ve un hijo del Dios viviente- Alguien que llegará muy lejos -con una flecha hacia la imagen y otros mensajes que se te ocurran que les permita a los jóvenes verse a la luz de los ojos de Dios.

Cuanto más grandes sean los espejos, más vistosa será la ilustración.

Otra posibilidad es cubrir un espejo con unas cortinas y que al frente de las cortinas diga. Aquí verás a alguien muy importante- corre la cortina- y al hacerlo, obviamente se verán a ellos mismos.

96. LA VISITA SORPRESA

Espera a algunos de tus jóvenes a la salida de su universidad para sorprenderlos con tres o cuatro más de tus jóvenes. Él o ella podrá luego presentarles a algunos de sus compañeros y amigos, quizás pueda mostrarles el aula, o el lugar favorito donde estudia y tal vez a algún profesor.

Más allá de la sorpresa, será la oportunidad para que sus compañeros vean con sus propios ojos a estos "amigos locos" la iglesia, y así, venzan algunos prejuicios que pueden tener.

Lleva a alguien que haga un video y asegúrate de mostrarlo en la próxima reunión y compartirlo en las redes del ministerio. Para esos jóvenes será una experiencia inolvidable que les dejará claro que son importantes para ti y para el grupo.

97. HONRA A TU EQUIPO DE TRABAJO.

Es importante que tu equipo de trabajo sepa que tu valoras lo que hacen en el grupo de universitarios. Claramente. Dedica un tiempo especial en alguna de las reuniones y agradéceles por el trabajo que hacen. Se especificó porque les agradeces ya que cada uno tiene diferentes dones y talentos y actitudes que bendicen a los jóvenes.

Hacer esto a la vista de todos no solo animará a tu equipo. También marcará la pauta de lo importante que es servir al Señor. Hará que otros jóvenes quieran ser voluntarios y a la vez les dejará en claro a todos que tu grupo de jóvenes es un espacio humano dónde se aprecia a las personas, se valora el esfuerzo y se agradece la amistad.

98. SALÓN DE BELLEZA

Organiza un tiempo donde se puedan consentir chicas con chicas. Pide a mamás de la iglesia y amigas que sepan arreglar el cabello, hacer masajes o maquillar que se junten para una tarde especial de belleza. Muchas jóvenes a esta edad están estresadas con los estudios y el trabajo y un día de relajación de este estilo les puede ayudar a serenarse y sentirse amadas por Dios y por la iglesia.

Si tienes alguna maquilladora profesional (o Consíguela) que comparta un mini taller de maquillaje y lo mismo puedes hacer con la ropa o con el pelo.

Termina la tarde reflexionando en que, así como es importante la belleza visible también es igual o más importante la belleza interior. Habla del carácter y del fruto del Espíritu Santo y dales alguien regalito pequeño para recordar la experiencia.

99. LAS TRES CUALIDADES

Dale una hoja blanca a cada joven y pídeles que escriban allí su nombre completo. Luego, que entre ellos se ayuden y alguien más pegue con cinta adhesiva o cuelgue con alfileres esa hoja con su nombre en su espalda.

Una vez que todos tengan su hoja, pídeles que se

pongan de pie y que se mezclen un poco (Puedes hacer esto con música o combinarlo con alguna otra actividad de integración) y luego indícales que entre todos deben asegurarse que absolutamente todos tengan allí junto al nombre en la espalda, tres cualidades, talentos o habilidades de la persona pero que nadie puede escribir más de una cualidad en la hoja de cada uno y que no le deben decir a la persona qué es lo que están escribiendo.

Espera a que a todos les escriban tres (que ellos mismos se revisen unos a otros para ver que se logró la meta) y luego se ayuden a sacarse las hojas para que cada uno pueda ver lo que le escribieron. Te sorprenderás del efecto que tienen estas palabras en cada uno de ellos.

100. GRACIAS, PALMADAS Y APLAUSOS

Nunca recibimos suficiente estímulo ya que continuamente necesitamos más y tus jóvenes también lo necesitan. La sociedad de hoy se la pasa rebajando a las personas. Los medios masivos de comunicación les hacen creer que ellos no son ni tienen los suficiente hasta que se compren determinado producto o usen determinada moda y por eso alguien que les haga sentirse mejor consigo mismos y les muestre aprecio es siempre bienvenido.

Hay valores y actitudes que en la iglesia siempre deberíamos reconocer y que no pueden pasar desapercibidos a tus ojos para agradecerlos y estimularlos. Algunos de ellos son:

- Disponibilidad
- Honestidad
- Obediencia
- Sentido del humor
- Fidelidad
- Que trajeron amigos nuevos
- Puntualidad
- Una sonrisa lista
- Buenos modales
- Conocimiento bíblico
- Buen rendimiento académico
- Iniciativa de acercarse a alguien nuevo
- La milla extra

Y tú puedes hacer tu propia lista. Que ellos noten que tu nota y lo celebras, acelerará tu impacto en sus vidas.

5 trampolines de creatividad

1. DERROCHA GRACIA

2. CUIDA LOS DETALLES

3. MODELA ESFUERZO

4. TRABAJA EN EQUIPO

5. SÉ VALIENTE

derrocha GRACIA

Una de las razones principales de por qué suele faltar creatividad en muchos grupos de personas de todo tipo es porque quienes son parte de ellos no perciben que hay espacio para el error. Es decir, todos tienen temor a equivocarse y que se los regañe o que se burlen de ellos y eso coarta la expresión y la creatividad. El temor es uno de los principales enemigos de la creatividad y el único antídoto contra el temor es el amor incondicional y la gracia que echan fuera el temor a expresarnos.

Enséñale a tus jóvenes que entre los cristianos podemos «equivocarnos en confianza» y algo puede salir mal y no es ninguna tragedia.

A distintos roles distintas reglas y el ministerio de jóvenes no es el lugar para que todo sea profesional y salga bien, sino que debe ser un refugio para que el perfume de la gracia haga que cualquier mal olor pase desapercibido.

La gracia es el primero y más poderoso trampolín para la creatividad de tu grupo.

Cuida los Detalles

Seguramente escuchaste por ahí que hay que hacer las cosas con excelencia, pero no muchos explican que eso no quiere decir que las cosas si o si tienen que ser perfectas ni tampoco se suele señalar que la excelencia se crea con pequeños detalles y no necesariamente los más vistosos. Por ejemplo. Demasiados lideres ponen toda su atención en lo que sucede en el escenario, pero no en lo que sucede en la entrada al saludar a los que recién llegan y ambas cosas tienen un impacto poderoso.

Siempre piensa en cada detalle de lo que sucede en tu ministerio y presta atención a lo que aparentemente nadie ve.

Modela el Esfuerzo

liderar es un privilegio que se gana sirviendo y los mejores lideres no le piden nada a sus liderados que ellos no estén dispuestos hacer. Claro que eso no significa que tú tienes que hacer todo, pero si significa que cuando les pides algo no es por comodidad o porque consideras que tú eres demasiado importante como para hacer esa tarea. Muestra esfuerzo y ellos se esforzarán. Muestra compromiso y ellos se comprometerán

Trabaja en Equipo

Si un ministerio depende de una sola persona es un ministerio débil, no importa cuantos asistentes haya en ese grupo. Cualquier tipo de éxito será aparente y pasajero. El verdadero éxito tiene que ver con fidelidad a una misión y la misión de un ministerio cristianos a los jóvenes es el discipulado que acompaña a la madurez en Cristo y por eso en casi todas las ideas de este libro damos a tender que es fundamental que los jóvenes sean los protagonistas del ministerio y no solamente el público de un gran líder.

Trabaja en equipo con ellos, con otros líderes que sean buenos para lo que tú no eres bueno. Suma padres e incluso abuelos y apoya a otros ministerios de la iglesia. Dios nos hizo para vivir en comunidad y la calidad de tus relaciones es la verdadera calidad de tu vida.

Sé Valiente

Tus jóvenes y tu equipo se animarán a practicar la fe en la medida en que la vean en acción en tu vida. Demasiados ministerios se estancan porque, aunque tienen líderes que son buenas personas y tienen buenas intenciones, pero son líderes demasiado preocupados por la crítica o el fracaso o tienen un apetito exagerado por agradar a todo el mundo. Juégatela y se la jugarán quienes te siguen. Anímate a equivocarte y a ser criticado y ellos se animarán también. Equivocarse no es sinónimo de pecar. A veces las cosas salen mal pero nunca sabremos si funcionan si no probamos. Los que hay que hacer es medir costos y si el costo es simplemente que alguien piense que te equivocaste, ¿Qué importa? La historia no la escriben los que saben hacer las cosas sino quienes las hacen.

ALGUNAS PREGUNTAS QUE DEBES RESPONDER:

¿QUIÉN ESTÁ DETRÁS DE ESTE LIBRO?

Especialidades 625 es un equipo de pastores y siervos de distintos países, distintas denominaciones, distintos tamaños y estilos de iglesia que amamos a Cristo y a las nuevas generaciones.

e625.com

¿DE QUÉ SE TRATA E625.COM?

Nuestra pasión es ayudar a las familias y a las iglesias en Iberoamérica a encontrar buenos materiales y recursos para el discipulado de las nuevas generaciones y por eso nuestra página web sirve a padres, pastores, maestros y líderes en general los 365 días del año a través de **www.e625.com** con recursos gratis.

zona de contenido PREMIUM

¿QUÉ ES EL SERVICIO PREMIUM?

Además de reflexiones y materiales cortos gratis, tenemos un servicio de lecciones, series, investigaciones, libros online y recursos audiovisuales para facilitar tu tarea. Tu iglesia puede acceder con una suscripción mensual a este servicio por congregación que les permite a todos los líderes de una iglesia local, descargar materiales para compartir en equipo y hacer las copias necesarias que encuentren pertinentes para las distintas actividades de la congregación o sus familias.

¿PUEDO EQUIPARME CON USTEDES?

Sería un privilegio ayudarte y con ese objetivo existen nuestros eventos y nuestras posibilidades de educación formal. Visita **www.e625.com/Eventos** para enterarte de nuestros seminarios y convocatorias e ingresa a **www.institutoE625.com** para conocer los cursos online que ofrece el Instituto E 6.25

¿QUIERES ACTUALIZACIÓN CONTINUA?

Regístrate ya mismo a los updates de **e625.com** según sea tu arena de trabajo: Niños- Preadolescentes- Adolescentes- Jóvenes.

¡APRENDAMOS JUNTOS!

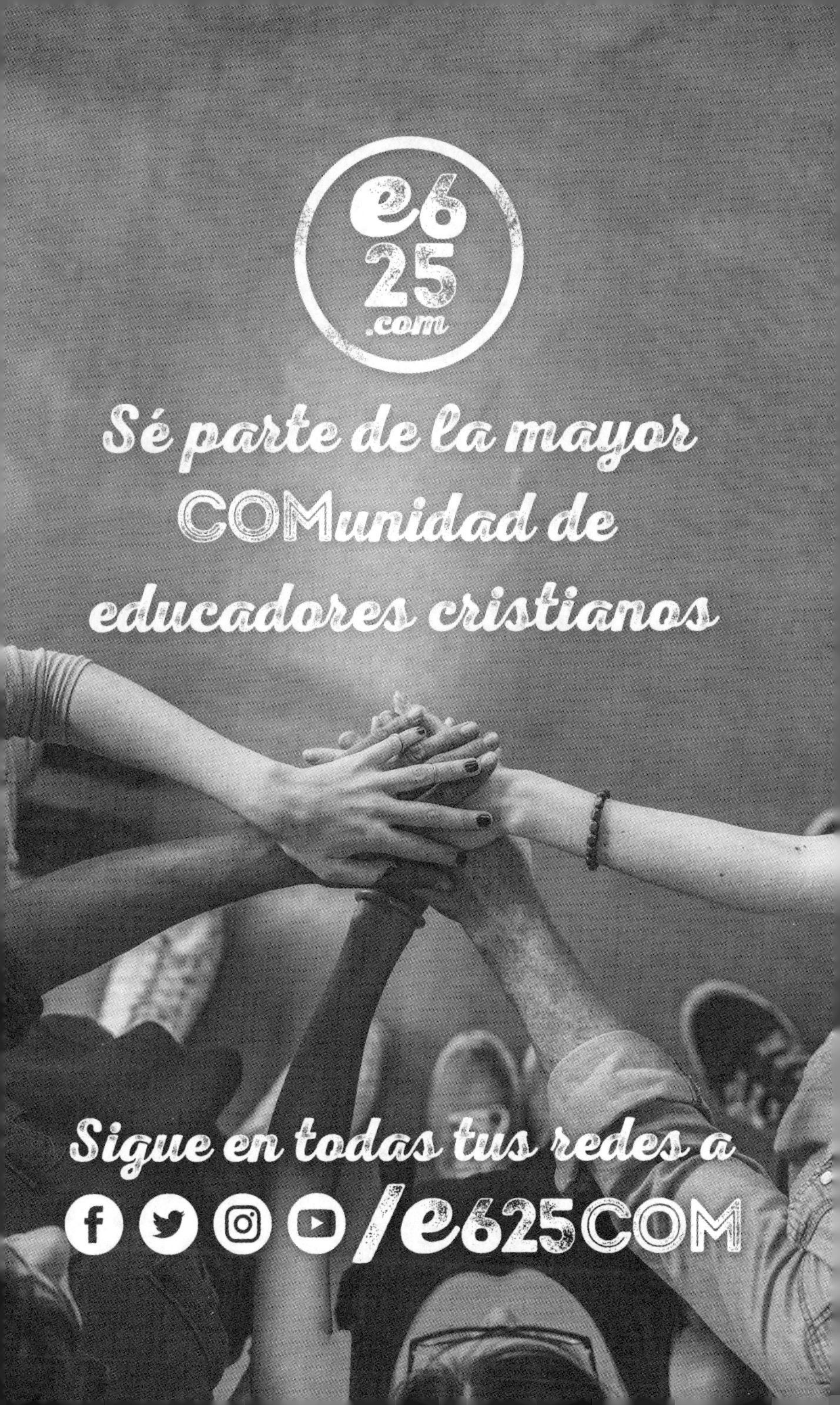
e6 25 .com
Sé parte de la mayor
COMunidad de
educadores cristianos
Sigue en todas tus redes a
/e625COM

¡Suscribe a tu iglesia para descargar los mejores recursos para el discipulado de nuevas generaciones!
zona de contenido
PREMIUM
SUSCRIPCIÓN POR IGLESIAS
Libros, Revista, Audios, Lecciones, Videos, Investigaciones y más
e625.com/premium